今さら聞けない！

経済の キホンが 2時間で 全部頭に入る

河合塾 公民科講師
吉田 泰史

すばる舎

はじめに

本書を手に取っていただき、ありがとうございます。

この本を手にしたということは、あなたは「経済ニュース」や「経済用語」について、**少なからず苦手意識を持っていらっしゃる**方だと推察します。

本書は、まさにあなたのような読者のために、中学校や高校で学ぶ「経済」について、**とことんわかりやすく解説した**ものです。

経済を理解しやすくなるポイント

経済については、新聞やテレビのニュースで連日のように取り上げられています。また、経済政策や金融など特定の分野については、「イチからわかる！」などと銘打ち、特集を組んで掘り下げた解説もなされています。

しかし、私の周りの生徒たちからは、**内容が難しくて十分に理解できない**という声をよく聞きます。そもそも、使われている言葉の意味がわからず、置いてきぼりになってしまうようです。

なぜ「解説」するための特集にもかかわらず、なかなか理解できない、または理解したと思い込んでも忘れてしまうのか。それは、こうした企画は、**高校の「政治・経済」の教科書の内容くらいは、だいたい頭に入り、理解できている**という前提で作られているからです。

土台がないから、理解の取っ掛かりが見つからなかったり、わかったつもりになってもすぐに頭から抜け落ちてしまうのです。

したがって、経済を理解するためには、まず高校の教科書に出てくるような基本事項をしっかり押さえる必要があります。ところが、その教科書も抽象的な表現が多く、そのまま読むには適しません。

私は、16年にわたり、5000人を超える受験生に経済について**講義**してきました。現在も河合塾という予備校で生徒を指導しています。その経験のなかで身につけたのが、複雑な経済現象を、「**モデル化（単純化）」して解説する**スタイルです。

　例えば、物価の変動や国内総生産（GDP）といった事柄について、そのままの大きいスケールで説明するのではなく、「**もしこの国にひとつしか企業がなかったとしたら？**」といった、簡単な構図に落とし込んで考えるのです。単純化して理解できたら、一歩一歩、複雑化していけば良いのです。

　この本でも、教室で生徒に対して講義をするように、経済についてできるだけわかりやすく説明していくつもりです。最初から読むのではなく、興味を持っているトピックから読み進めていくのも良いでしょう。

　本書は「1見開き・1トピックス」の構成になっており、モデル化しての解説も駆使して、経済の本質から、資本主義、市場の機能、経済成長、財政、金融、国際経済など、基本的な内容を網羅しました。

　片方のページに、見出しと要点、図解をまとめています。時間のない方は、このページだけ読んでいただければツボがつかめるよう、表現にも徹底的にこだわりました。

　読み終えた読者の方が経済ニュースを見聞きしたとき、「これは吉田の本で読んだからわかる！」と思い出していただければ、著者として望外の喜びです。

2019年 10月

吉田泰史

CONTENTS

はじめに …… 2

PART 1
資本主義のキホン

<u>経済の本質</u>
数に限りがあるものをいかに分配するか …… 18
「希少」な資源を「効率的」に活用することが経済の本質

<u>資本主義の歴史①</u>
そもそも資本主義経済とは？ …… 20
産業革命をきっかけに成立し、生産手段の私有と市場経済が特徴

<u>資本主義の歴史②</u>
ソ連や東欧諸国の社会主義経済 …… 22
資本主義経済に対抗して誕生し、利潤追求と市場経済の否定が特徴

<u>資本主義の歴史③</u>
世界恐慌を機に資本主義は変化した …… 24
現代の資本主義は、政府が市場に介入する修正資本主義

<u>中国の資本主義</u>
「世界の工場」中国の経済発展 …… 26
安価な労働力を武器に成長し、今やGDP世界第2位の経済大国

PART 2
企業のキホン

<u>経済活動の中身</u>
経済活動、その3つの主体 …… 30
主体は企業・家計・政府で、それぞれ主に生産・消費・調整を行う

企業の種類
企業には大きく分けて3つの種類がある …… 32
市場経済の中心となるのが私企業で、最も重要な企業は株式会社

株式会社の成り立ち
株式会社はなぜ誕生し発展していったのか？ …… 34
本質は資本を集める手段であり、株主は共同所有者として配当をもらう

株式会社の仕組み①
実はシンプル、株式会社の意思決定 …… 36
株主によって構成される株主総会が基本的な事項を決定する

株式会社の仕組み②
会社をチェックするコーポレートガバナンス …… 38
社外取締役が外部の視点から会社の経営を監視・監督する

企業の新しい役割
重視され始めた企業の社会的責任 …… 40
文化芸術活動に対する支援や、社会貢献で責任を果たす

PART 3
市場のキホン

市場の条件と機能①
完全競争市場の条件と需要曲線・供給曲線 …… 44
需要曲線は消費者の行動を表し、供給曲線は生産者の行動を表す

市場の条件と機能②
「見えざる手」による価格の自動調節作用 …… 46
均衡点から外れたり、売れ残りが発生しても解消される機能がある

市場の条件と機能③
曲線の移動による価格の調節メカニズム …… 48
お互いの事情に応じて曲線が移動して不均衡を解消する

市場の失敗をもたらすもの①
市場が機能不全になる「市場の失敗」……50
現実は完全競争市場の成立は難しい。「市場の失敗」は主に4つある

市場の失敗をもたらすもの②
効率的な資源配分を妨げる外部効果……52
外部効果とは市場を通さずに、他の経済主体に影響を与えること

市場の失敗をもたらすもの③
独占・寡占市場はなぜ生まれる……54
本来、市場への参入・退場は自由だが障壁が存在するケースもある

市場の失敗をもたらすもの④
情報の格差がもたらす非対称性と逆選択……56
品質が良い財やサービスが消費者に届かなくなる

独占を防ぐ法律
独占・寡占市場を防ぐ独占禁止法……58
自由な競争の実現を目指し、公正取引委員会が日々監視する

インフレ・デフレ①
物価が上がる・下がるとはどういうことか……60
物価が上がれば貨幣の価値は下がり、下がれば貨幣の価値が上がる

インフレ・デフレ②
インフレーションはなぜ起こるのか……62
インフレの原因はさまざまで、上昇の程度もいくつかに分類される

インフレ・デフレ③
インフレとデフレはどんな影響を与えるか……64
インフレでは年金生活者の生活は苦しくなり、債務者の負担は減る

PART 4
経済成長のキホン

豊かさを測る2つの指標
国民所得と国富は国の豊かさの指標 …… 68
一定時点の経済量は国富で、一定期間の経済量は国民所得である

GDPとGNP①
GDPは領域が基準で、GNPは居住者が基準 …… 70
人の行き来が活発な現代では、GNPよりGDPが主流となる

GDPとGNP②
GNPに代わって使われているGNI …… 72
GNPは生産による粗付加価値の合計。近年はGNIとして再定義される

GDPとGNP③
GDPやGNPに入るもの・入らないもの …… 74
市場の取引の対象になっているかどうかが基準だが、例外もある

付加価値の中身①
付加価値とはどう計算するか …… 76
付加価値とは、生産によって新たに生み出された価値

付加価値の中身②
NNPとNIでより正確な付加価値を求める …… 78
固定資本減耗や間接税・補助金を考慮してより正確な数値を導く

生産・分配・支出の構成
三面等価の原則　国民所得は循環する …… 80
生産・分配・支出の数値はどの面で計算しても一致する

経済成長①
経済は景気変動を繰り返して成長する …… 82
景気変動は周期と要因によって4つに分類される

経済成長②
名目国内総生産と実質国内総生産 …… 84
名目GDPは金額で表した成果だから物価変動の影響を受けている

経済成長③
経済が拡大する速度が分かる経済成長率 …… 86
経済の状態を反映する大切なバロメーター

需給ギャップ
潜在力と現実の差がGDPギャップ …… 88
潜在GDPを総供給、現実のGDPを総需要とみなして経済状況を測る

PART 5
財政のキホン

財政活動の中身①
財政とは政府が行う経済活動のこと …… 92
公共サービスを生産して、国民に提供するのが仕事

財政活動の中身②
政府の財政には3つの機能がある …… 94
資源配分の調整と所得の再分配、景気の安定で市場を調整する

一般会計と特別会計①
国の経費をまかなう一般会計予算 …… 96
借金に依存する割合は約3分の1で、最大の歳出項目は社会保障関係費

一般会計と特別会計②
事業運営を明確にする特別会計予算 …… 98
特定の事業や資金運用のための会計で、近年は改革の標的に

財政投融資
第2の予算と呼ばれる財政投融資 …… 100
国の信用で集めた資金を、民間では対応困難な分野に融資する

歳入と歳出のバランス
財政の健全性を測る基礎的財政収支 …… 102
公債金を除いた歳入と国債費を除いた歳出の差額

税金の区分
税金の種類には直接税と間接税がある …… 104
どこに納めるかによって、さらに国税と地方税に分かれる

租税の歴史
消費税導入に至る戦後日本税制の歴史 …… 106
シャウプ勧告で直接税中心主義が導入されるも、捕捉率の格差が発生

2つの公平性
租税負担の公平と逆進性 …… 108
累進課税は垂直的公平を実現し、消費税は水平的公平を実現する

軽減税率の効果
軽減税率は逆進性の対策になり得るか …… 110
生活必需品の消費税率を据え置くが、
ややこしいうえ格差是正の効果はない

日本の国債①
「国の借金」国債の仕組みとは …… 112
公共事業にあてる建設国債と税収不足を補う赤字国債がある

日本の国債②
国債の発行にはルールがある …… 114
国債は日本銀行ではなく、市中銀行が引き受ける

日本の国債③
ふくれあがる日本の国債残高 …… 116
普通国債残高は880兆円、国と地方の長期債務残高は1105兆円

PART 6
金融のキホン

通貨の成り立ち①
通貨には3つの機能がある …… 120
価値を測り、交換の媒介となり、貯めておける存在

通貨の成り立ち②
金本位制から管理通貨制度へ …… 122
管理通貨制度では自由に通貨量を増やせるので金融政策ができる

通貨の成り立ち③
通貨は目に見えるお金だけではない …… 124
現金通貨の他に当座預金や普通預金などの預金通貨がある

2つの金融
金融とはお金を融通すること …… 126
銀行からの借入は間接金融で、株式や社債の発行は直接金融

金融業の現状①
護送船団方式から脱皮した金融業 …… 128
3方面による規制緩和によって、競争力のある市場を目指すことに

金融業の現状②
自己資本比率規制と金融機関の貸し渋り …… 130
強い金融を目指して規制を導入するも、
不況期の金融収縮リスクが残ることに

信用創造①
預金通貨を作り出す銀行の信用創造 …… 132
預金の受入れと貸出しを繰り返し、新たな預金通貨を生み出す

信用創造②
マネタリーベースとマネーストック …… 134
日本銀行が供給する通貨が、信用創造によってマネーストックへ

日銀の特徴
日本銀行は何をするところなのか …… 136
唯一の発券銀行にして銀行の銀行、そして政府の銀行でもある

各国の中央銀行
外国の中央銀行はどんな組織なのか …… 138
アメリカの中央銀行は連邦準備制度、
ユーロ圏の中央銀行は欧州中央銀行

日銀の金融政策①
日本銀行が行う金融政策の中身 …… 140
不況期には買いオペレーションを行い、金利の形成に影響を及ぼす

日銀の金融政策②
ゼロ金利政策と量的緩和政策 …… 142
積極的な買いオペレーションで経済の活性化を図ったが……

日銀の金融政策③
インフレターゲットは景気低迷の打開策？ …… 144
物価を上昇させて実質金利を下げ、投資を増やす

日銀の金融政策④
インフレターゲットは成功したのか？ …… 146
異次元緩和を行ったものの、資金の需要が追いつかず

日銀の金融政策⑤
窮余の一策としてのマイナス金利政策 …… 148
日本銀行の当座預金の一部から手数料を徴収し、市中銀行を追い込む

金融政策の成果
アベノミクスが射った三本の矢の行方は …… 150
日本経済の復活を図ったが、肝心の三本目が発射されず

PART 7
日本の諸問題のキホン

中小企業
日本経済を支えている中小企業たち …… 154
大企業とは大きな格差があるが、ニッチ市場で成長する企業に注目

新興企業
新興企業は誰が支援しているのか …… 156
ベンチャーキャピタルやエンジェル投資家が資金の提供者

日本農業①
第二次世界大戦後の日本農業の展開 …… 158
問題は経営規模が零細なことで、方針は農家保護から規制緩和へ

日本の農業②
農産物市場開放の圧力で関税化へ …… 160
世界に大量の工業製品を輸出する日本は抗しきれず

日本の農業③
農業政策は法人化の推進に転換へ …… 162
食糧管理制度が廃止され自由化推進、食料自給率の向上を目指す

消費者問題①
消費者問題は経済成長の負の側面 …… 164
情報の格差が問題の原因。情報がなければ正しい判断はできない

消費者問題②
情報格差を埋める消費者保護行政 …… 166
消費者を守るために作られた2つの法律と3つの組織

消費者問題③
消費者を保護するさまざまな特別法 …… 168
クーリング・オフ制度など、民法の原則を修正させる

公害
生産活動で人が傷つく公害は「市場の失敗」 …… 170
対策は直接的な規制と社会的費用の内部化

PART 8
国際経済のキホン

貿易の意義
なぜ自由貿易は両国にとって得なのか …… 174
単純な生産効率ではなく機会費用を比較すると……

国際金融
国際金融によって資金が動くと起こること …… 176
投資先にメリットをもたらすが、投資元の産業が空洞化の恐れも

為替相場の仕組み①
外国為替相場は通貨の交換比率 …… 178
一定の範囲に収める固定相場制と、制限なく動く変動相場制がある

為替相場の仕組み②
外国為替相場の需給を左右する要因 …… 180
円の需要が増えれば値上がりし、供給が増えれば値下がりする

為替相場の仕組み③
円高になった場合の貿易に与える影響 …… 182
円高で輸出は減り、輸入が増え、また外国の資産が割安になる

為替相場の仕組み④
外国為替市場に対する政府の介入 …… 184
急激な変動が経済に影響を与える場合には政府が市場に介入する

為替変動の要因
為替相場を決める購買力平価説 …… 186
各国の通貨の購買力に注目する説と、物価上昇率に注目する説がある

変動為替相場制の歴史①
為替の混乱で生まれたブレトンウッズ体制 …… 188
ドルを基軸通貨として、IMFとIBRDが融資を担当する

変動為替相場制の歴史②
ニクソン・ショックと固定相場制崩壊 …… 190
ドル流出で固定相場制が動揺、主要国の判断で変動相場制へ

変動為替相場性の歴史③
変動為替相場制下の2つの合意 …… 192
プラザ合意はドル高の是正が、ルーブル合意はドル相場の安定が目的

変動為替相場性の歴史④
変動為替相場制下の2つの危機 …… 194
アジア通貨危機はタイ発、リーマンショックはアメリカ発

GATTからWTOへ①
ブロック経済の反省で生まれたGATT …… 196
自由貿易の推進が目的で、基本理念は「自由・無差別・多角」

GATTからWTOへ②
多角的な貿易交渉ラウンド …… 198
GATT加盟国の間で行われる、自由貿易推進のための話し合い

GATTからWTOへ③
機能が強化された常設機関WTO …… 200
GATTに代わる常設の組織であり、紛争解決機能が強化された

EUの歴史①
欧州共同体ECは壮大な実験 …… 202
出発点はフランスとドイツの協調で、ヨーロッパの共同市場が実現した

EUの歴史②
経済から政治統合を実現した欧州連合EU …… 204
加盟国数は拡大し続けるものの、大国イギリスが離脱の危機を迎える

EUの歴史③
夢の共通通貨、ユーロの歩み …… 206
EUは通貨を統合したが、導入していないEU諸国もある

ブレグジット
規制に反発したイギリスのEU離脱 …… 208
移民の受け入れなどに不満を抱き、離脱派が国民投票で予想外の勝利

新たな先進国
世界経済を牽引するNIESやBRICS …… 210
独立後の混乱を乗り切り、経済成長を実現した新しい国々

おわりに …… 212

ブックデザイン:小林祐司
図版:伊比 優／齋藤佳樹

PART 1
資本主義のキホン

私たちの生活は、
資本主義というシステムのもとで回っています。
でも、そもそも資本主義ってなんでしょう?
その仕組みと成り立ちを知ることが、
経済を理解する第一歩です。

経済の本質

数に限りがあるものを
いかに分配するか

▷ 「希少」な資源を「効率的」に
活用することが経済の本質

経済活動の中身

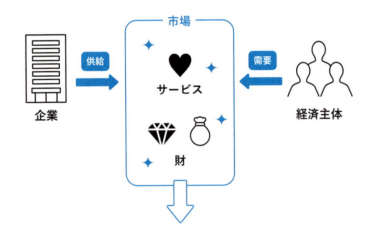

財やサービスには**希少性**があるから、
そのもとになる資源をいかに活用・分配するか

経済の本質

経済活動は3つに分けられる

「経済活動」は、**生産、分配、支出**の3つに分けることができます。

まず、企業は、資本、労働力、土地などの生産要素（資源）を用いて、さまざまな「**財**」や「**サービス**」を生産します。

財は、「**形があるもの**」で、サービスは「**形がないもの**」です。

生産された財やサービスは、生産の貢献に応じて、**各経済主体（家計、企業、政府）に分配**されます。最後に、分配されたものは、**各経済主体によって支出**されます。一部が投資され、残りが消費に回されることになります。

こうした経済活動を効率的に進めるには、働く人それぞれが専門の仕事をする「社会的分業」が欠かせません。分業が成立するためには、複数の人間が財やサービスを持ち寄って交換する場が必要となります。こうした**交換の場が市場**です。

経済問題と希少性

生産活動に利用することができる資本・労働力・土地・原材料などの量には制約があり、また、生産の成果として得られる財やサービスの量にも限界があります。つまり、生産や支出などの経済活動には、**資源の「希少性」という制約**が存在しています。

したがって、「**希少**」な資源をいかにして「**効率的**」に活用するかが、経済問題の本質です。

例えば、企業なら、労働力や資本の制約の範囲内でいかにして利潤を最大化するかが経済問題の中心です。

また、消費者なら、限られた所得の範囲内でいかにして効用（満足度）を最大化するかが経済問題の中心です。

資本主義の歴史①

そもそも資本主義経済とは？

産業革命をきっかけに成立し、生産手段の私有と市場経済が特徴

資本主義経済3つの特徴

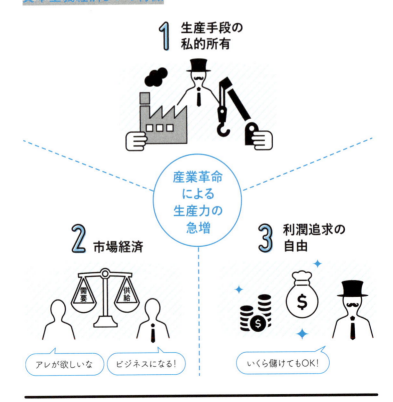

資本主義の成立

経済の本質を踏まえたところで、次に、我々が暮らす日本が採用している**「資本主義経済」というシステム**について学んでおきましょう。

さかのぼること250年ほど前、ヨーロッパでは、産業革命（18世紀中頃〜19世紀）によって、蒸気機関などの**動力**を生産に**利用**できるようになりました。その結果、生産力が急激に拡大し、**市場における自由競争が支配する**資本主義経済が成立したのです。

日本もまた、西欧諸国から一歩遅れて産業革命を体験し、資本主義を採用していくことになります。その主な特徴を見ていきましょう。

資本主義経済の特徴

①生産手段の私的所有

資本主義経済では、**土地や工場・機械などの生産手段が個人や私企業に所有**されています。その結果、生産手段の所有者である個人や私企業が生産手段の利用に関する決定権を持ち、どのような財やサービスをどれだけ生産するかを決定します。

②市場経済

資本主義経済では、**ほとんどの財やサービスが商品として市場で取引されます**。また、個々の経済主体が自由に経済活動を行い、財やサービスの需要と供給の不均衡は市場によって調節されます。

③利潤追求の自由

資本主義経済では、生産手段の私有が認められているため、私企業が存在し、**私企業の利潤追求の自由が認められています**。

先進諸国の経済を飛躍的に発展させた資本主義ですが、「恐慌」と呼ばれる深刻な景気後退が避けられなかったり、利益追求の競争の果てに貧富の格差が広がることなど、**大きな欠点**も見られました。

資本主義の歴史②

ソ連や東欧諸国の社会主義経済

> ロシア革命によって誕生し、利潤追求と市場経済の否定が特徴

社会主義経済3つの特徴

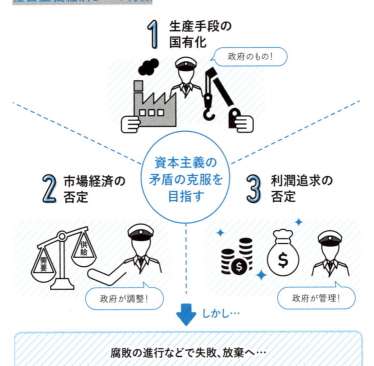

社会主義経済の特徴

資本主義経済の欠点の克服を目指したのが「社会主義経済」というシステムです。1917年のロシア革命によって**ソビエト連邦で成立**し、東欧諸国や中国に広がりました。その特徴は、先に述べたような資本主義経済の性質と真逆と理解すれば良いでしょう。

まず、生産手段は私的所有が否定され、**社会的所有（国有・公有）**とされました。また、市場経済は否定され、国の経済活動全般が中央政府のもとで計画的に管理・運営される**「計画経済」**が採用されました。そして、**利潤追求の自由が否定**されました。

ソ連と東欧諸国の変化

ソ連の経済は、5か年計画によって、順調に成長していきました。

しかし、1960年代になると、**軍事優先による民生部門の圧迫、官僚主義の非能率、労働者の勤労意欲の停滞**などの問題が表面化し、工業生産の不振、生産性の低下などに苦しむようになりました。

1985年にソ連に登場したゴルバチョフ政権によって、ペレストロイカ（ロシア語で「再構築」の意味）と呼ばれる改革が進められましたが、成果を上げることはできませんでした。

1991年にソ連は崩壊し、**社会主義の計画経済は放棄**されました。

その後、ロシア経済は、石油価格の高騰に支えられて、好景気にわいたこともありましたが、2014年のクリミア併合に対する経済制裁や、その後の石油価格の低迷によって、経済状況は悪化しています。

東欧諸国は、第二次世界大戦後、社会主義経済を採用しました。

しかし、やがてソ連と同様に経済は停滞します。1989年以降には社会主義政権が相次いで崩壊し、計画経済を放棄して資本主義の市場経済を導入する改革が行われました。

現在では、**多くの東欧諸国が、WTO（世界貿易機関）やEU（欧州連合）に加盟し、市場経済を採用しています。**

資本主義の歴史③

世界恐慌を機に資本主義は変化した

> 現代の資本主義は、政府が市場に介入する修正資本主義

政府が景気をコントロールする

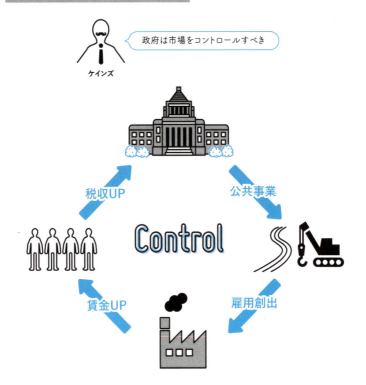

世界恐慌

　資本主義国家の中から、資本主義経済の欠点を克服する動きが見られるようになった契機が、1929年の「**世界恐慌**」です。

　10月24日のウォール街（ニューヨーク株式取引所）での株価大暴落をきっかけに、アメリカ経済は大恐慌に突入しました。

　その後、アメリカでは多くの企業や銀行が破綻して、1933年には実質GDP（84ページ参照）が1929年の70％にまで低下し、**4人にひとりが失業する**までに経済活動は落ち込みました。このアメリカ発の大恐慌は、たちまちソ連を除く全世界に広がり、世界恐慌となりました。

ニューディール政策と資本主義の修正

　この事態に対して、1933年にアメリカ大統領に就任したフランクリン・ルーズベルトは、**ニューディール政策（新規まき直し政策）を採用**し、自由放任主義の経済政策に代え、国家が経済に積極的に介入することで不況の克服を図ろうとしました。

　イギリスの経済学者ケインズは、『雇用・利子および貨幣の一般理論』を著して、現代資本主義最大の問題である失業問題を解決するためには、**政府が公共事業などを行って有効需要（現金の支出を伴う現実の需要）を創出する必要がある**と説きました。

　ルーズベルトのニューディール政策は、このケインズの経済理論を実践したものでした。

　ケインズが説いた政府による積極的な有効需要創出策は、第二次世界大戦後に西欧や日本などの先進資本主義国で、広く採用されるようになりました。

　このような段階の資本主義は、市場経済を基本としつつ、**政府が市場に積極的に介入する**ことから、「**修正資本主義**」と呼ばれます。

　また、市場において民間部門と公共部門が並存していることから、「**混合経済**」とも呼ばれます。

中国の資本主義

「世界の工場」中国の経済発展

> 安価な労働力を武器に成長し、今やGDP世界第2位の経済大国

伸び続ける中国のGDP

政治は社会主義
＋
経済は資本主義

で発展

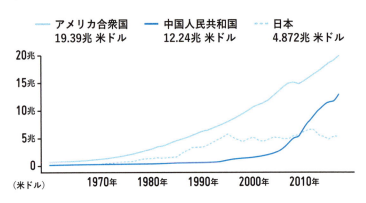

アメリカ合衆国 19.39兆 米ドル　中国人民共和国 12.24兆 米ドル　日本 4.872兆 米ドル

改革・開放政策

ほとんどの社会主義国家は、政治体制が変わったことによって資本主義経済に切り替えていきましたが、資本主義を取り入れることによって存続・発展している**特殊な社会主義国家**もあります。

中国では、社会主義のもとで国営企業と人民公社を中心とする中央集権的な計画経済が採用されていました。

しかし、1970年代末から鄧小平の指導のもとで改革・開放政策が採用され、沿岸部に外国の資本や技術を導入するための経済特区を設置するなど、**市場経済の導入**が進められました。

1989年の天安門事件では民主化運動が弾圧され、一時的に経済も混乱しましたが、1993年には憲法に「**社会主義市場経済**」の採用が明記され、社会主義の政治体制のもとで引き続き市場経済を導入することが明示されました。

2001年にはWTO（世界貿易機関）へ加盟して、自由貿易体制のもとで貿易を拡大し、2004年には憲法に「私有財産の保障」が明記されるなど、現在の中国経済は**市場経済にほぼ移行**しています。

中国経済の現状

中国は、安価な労働力に依存した輸出産業がリードする形で、第二次産業を中心に発展してきました。現在では「**世界の工場**」と呼ばれるようになっています。

1980年代以降は、30年以上にわたって10％近い経済成長率を実現してきました。その結果、2010年には、GDPが日本を抜いて世界第二位となりました。それに伴って貿易黒字も拡大し、外貨準備高は日本の約3倍の3兆ドルを超える水準になっています。

その後も急速に工業化が進み、現在では、ハイテクなどの**先端分野でも高い競争力を有する**ようになっています。

PART 2

企業のキホン

企業は資本主義経済の
主役といっても過言ではありません。
企業が自由競争のもと切磋琢磨するのが、
この経済システムの大前提なのです。
企業の成り立ちと仕組みを学んでおきましょう。

経済活動の中身

経済活動、その3つの主体

> 主体は企業・家計・政府で、それぞれ主に生産・消費・調整を行う

経済活動による循環

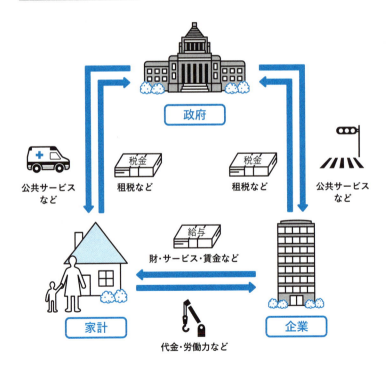

経済のモデル

現実の複雑な経済活動も、**単純化**すると理解しやすくなります。

経済のモデルでは、**消費を行う家計**、**生産を行う企業**、**家計と企業の経済活動の調整を行う政府**の3つを経済主体と考え、これらの間でさまざまな取引が行われていると捉えます。

家計・企業・政府

家計は、企業に対して、**労働力、資本、土地**などの生産要素を供給し、対価として、**賃金、利子・配当、地代**などを得ます。

家計は、所得から、政府に対して**租税**を支払い、政府から**公共サービス**などの提供を受けます。

そして、所得の中から租税や社会保険料を差し引いた可処分所得（所得のうち自由に使える部分）の範囲内で、効用（満足度）を最大化するように、企業から**財やサービス**を購入し、将来のため貯蓄を行います。

企業は、家計などから供給された**労働力、資本、土地**などの生産要素を用いて、生産活動を行います。

企業は、利潤を最大化するように、労働者を雇い、投資を決定します。また、生産活動によって得た利益から、政府に対して**租税**を支払い、政府から**公共サービス**の提供を受けます。

政府は、市場で供給できない警察などの**公共財**を提供し、資源が最適に配分されるように調整します。また、国民の福祉向上を目的として、経済全体の活動を調整して、景気の安定化を図ります。

このような活動の費用は、家計や企業から**租税**を徴収したり、事業活動を行って**収益**を得たり、**借入れ**を行ったりして確保します。

企業の種類

企業には大きく分けて3つの種類がある

> 市場経済の中心となるのが私企業で、最も重要な企業は株式会社

企業の分類

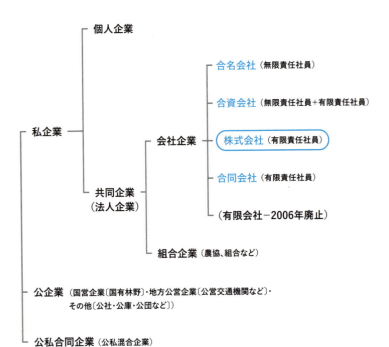

企業の種類

次に、企業の分類を見ておきましょう。

企業は、私企業、公企業、公私合同企業（国や地方公共団体などと民間が合同で設立した企業）**の3つに分類**されています。

私企業は、個人企業と共同企業（法人企業）に分けられ、共同企業は、会社企業と組合企業に分けられます。

会社企業は、合名会社、合資会社、株式会社、合同会社に分けられます。このうち、**最も重要なのは株式会社**です。

会社法の制定

2005年に**会社法**が制定され、会社制度が新しくなりました。そのポイントは、次の3点です。

①有限会社の廃止

中小規模の事業運営のために存在していた有限会社が廃止されて**株式会社に一本化**されました。新たに有限会社を設立することはできませんが、すでに存在している有限会社はそのまま存続します。

②株式会社の最低資本金制度の撤廃

1000万円と定められていた株式会社の**最低資本金制度が撤廃**されました。資本金とは事業のスタート時の自己資金のことです。したがって、現在では、資本金1円の株式会社も設立することができます。

③合同会社

社員（出資者）の責任は有限であるが、合名会社と同様に弾力的な経営ができる合同会社という形態の会社が新たに認められました。

合同会社では、会社の組織や出資者への利益配分などについて、出資者が定款（会社の基本的決まり）で**比較的自由に決定**することができきます。

株式会社の成り立ち

株式会社はなぜ誕生し発展していったのか？

> 本質は資本を集める手段であり、
> 株主は共同所有者として配当をもらう

会社と株主との関係

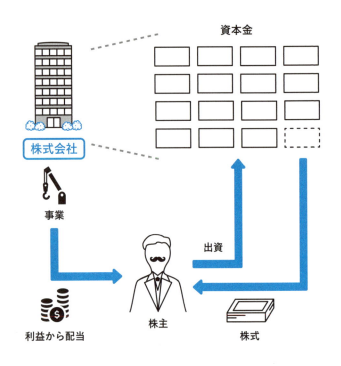

株式会社の歴史

ではいよいよ、企業の代表的な存在である「**株式会社**」の成り立ちと仕組みについて学んでいきましょう。

世界最初の近代的な株式会社は、1602年に設立された**オランダ東インド会社**に始まるとされています。

その後、19世紀後半に重化学工業が発展して企業の規模が大きくなると、**多数の出資者から広く薄く出資を募る必要**が生まれました。

そこで、こうしたニーズに最も適した株式会社の仕組みが広く普及することになりました。

株主と株主有限責任

株式会社では、出資単位は**株式**という形に細分化され、**出資者は株式の所有者（株主）**となります。

株主になると、会社の事業によって利益が出た場合にその利益の分け前である**配当**を受け取ることができます。

配当は、社債の利息のように額は定まっていません。株式会社の業績に応じて変動し、場合によっては無配当になることもあります。

株主は、会社の債務に関し、出資額（株式の購入額）の範囲内で責任を負うことになっています。これを、**株主有限責任の原則**といいます。

例えば、長銀（日本長期信用銀行）は、3兆円以上の債務超過（借金が資産を上回ること）となって破綻しました。この場合、株主は、持っている株式が無価値になるだけで、**それ以上の責任は負いません**。

この原則によって、出資者はリスクを限定できることになり、さまざまな会社に出資することが可能となります。**無限責任**を負わされる場合には、リスクを限定することができないため、機動的な出資が難しくなるのです。

株式会社の仕組み①

実はシンプル、株式会社の意思決定

> 株主によって構成される株主総会が基本的な事項を決定する

株主総会は株式会社の最高意思決定機関

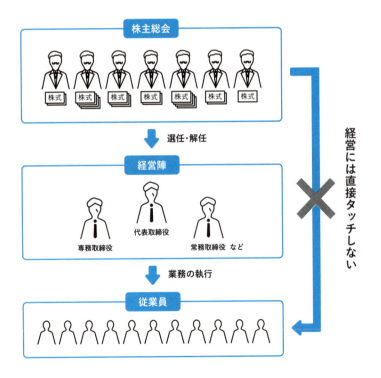

株式会社の機関

出資金の調達の次は、株式会社の**意思決定の仕組み**についてです。

株式会社の組織は、規模や閉鎖性の程度によってさまざまなパターンがあります。ただし、必ず**株主総会**と**取締役**を設置しなければなりません。

株式会社の最高意思決定機関は、株主によって構成され、定期的に開催される株主総会です。

株主は株主総会において、**持株数に応じて議決権を行使**することができます。株主の投票権は、**1人1票ではなく、1株1票**です。

株主総会は、**取締役の選任**や**配当額の決定**など株式会社に関する基本的な事項を決定します。

株主総会で選任された取締役が、株式会社の経営を担当します。社長は**代表取締役社長**、専務は**専務取締役**、常務は**常務取締役**です。

所有と経営の分離

中小企業の場合には、経営者が大株主であるという場合が一般的ですが、大企業では、「**所有と経営の分離**」が見られ、一般に株主は経営にはタッチしません。

企業の規模が大きくなると、企業の経営には高度の専門性が要求されるようになります。その結果、大企業では、株主は企業の経営にかかわることが少なくなり、**企業の経営は専門の経営者に委ねられる**ようになります。

日本マクドナルド株式会社やサントリーホールディングス株式会社などの巨大企業の社長人事で、**他の大企業の社長を歴任したプロ経営者**がトップに据えられることが多いのは、これが理由です。

株式会社の仕組み②

会社をチェックする コーポレートガバナンス

> 社外取締役が外部の視点から
> 会社の経営を監視・監督する

指名委員会等設置会社の仕組み

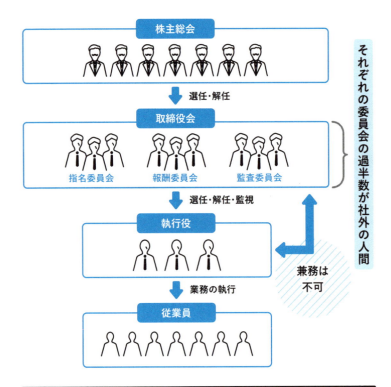

それぞれの委員会の過半数が社外の人間

兼務は不可

株式会社の新しい仕組み

近年、不正行為の防止や経営の効率化という視点から、**企業統治（コーポレートガバナンス）**のあり方が重視されつつあります。

従来、大規模な株式会社では、取締役会を監督する機関として**監査役会**が設置されていました。しかし、取締役会が監査役会の候補者を提案する仕組みになっていたため、**取締役会に近い者が監査役に選任**されることが多く、監査役会の監督は十分に機能しませんでした。

そこで、アメリカの制度にならって、監査役を置かず、取締役会が会社経営を担当する執行役を選任し、その業務執行を監督する**指名委員会等設置会社**が導入されました。その後、この仕組みを簡素化した監査等委員会設置会社が認められました。

現在、大会社では、監査役会設置会社、指名委員会等設置会社、監査等委員会設置会社が認められています。

指名委員会等設置会社

指名委員会等設置会社では、**指名委員会、報酬委員会、監査委員会**の三委員会と執行役が設置されます。

取締役会が、三委員会の委員と執行役を選び、執行役が業務の執行（会社の経営）を担当し、三委員会が業務執行の監督を行います。

そして、各委員会の委員の過半数は、**社外取締役（会社とは利害関係のない外部から選任された取締役）**でなければなりません。これは、会社の外部の視点から、社内のしがらみや利害関係に縛られないで監督ができるように導入された制度です。

企業の新しい役割

重視され始めた企業の社会的責任

> 文化芸術活動に対する支援や、社会貢献で責任を果たす

代表的なCSR活動

1 メセナ

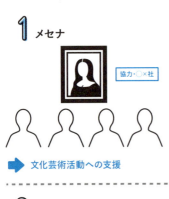

➡ 文化芸術活動への支援

2 フィランソロピー

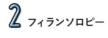

➡ 社会貢献活動

3 コンプライアンス

➡ 法令遵守

4 ISO 14000シリーズ

➡ 国際規格の取得

企業の社会的責任（CSR）

企業は利益の獲得を目的として活動を行っていますが、近年では、**企業の社会的責任（CSR／corporate social responsibility）** が重視されるようになっています。企業も社会の中で存在しているわけですから、これは当然のことといえます。具体例を見ておきましょう。

CSRの具体例

企業の社会的責任（CSR）には、以下のようなものがあります。

①メセナ

企業による文化芸術活動に対する支援を意味します。読者の皆さんも、美術展などに足を運んだとき、ポスターなどに「協賛：株式会社○○」といったクレジットを見たことがあるでしょう。

こういった活動は「メセナ」にあたります。

②フィランソロピー

企業の社会貢献活動を意味し、企業が医療・福祉・環境活動などに参加・協力することです。文化芸術活動に限定されていませんから、メセナよりも広い範囲の社会貢献活動を意味します。

③コンプライアンス

法令遵守を意味します。自動車会社の事故隠しや食品会社の虚偽表示など企業の不祥事が明らかになる中で、企業の法令遵守の姿勢が厳しく問われるようになり、また、情報開示（ディスクロージャー）や、説明責任（アカウンタビリティ）が求められるようになっています。

④ISO14000シリーズ

国際標準化機構（ISO）が、環境に配慮した経営を行っている企業を認証する国際規格です。

PART 3

市場のキホン

市場には需要と供給に応じて
商品の価格を変化させる機能が備わっています。
なぜそんなことが可能なのか?
そして物価の上下によって生活にどんな影響があるのか?
少しグラフが多いですが、読み通せばきっとスッキリするはずです。

市場の条件と機能①

完全競争市場の条件と需要曲線・供給曲線

> 需要曲線は消費者の行動を表し、供給曲線は生産者の行動を表す

条件がそろったとき、完全競争市場が成立する

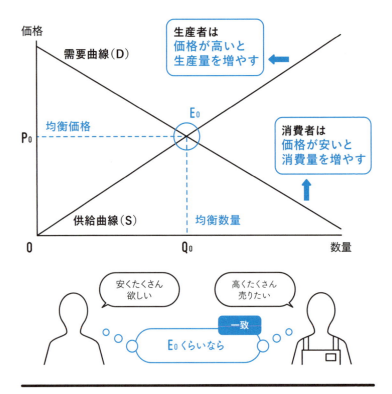

完全競争市場

さきほど見てきた企業が、商品を供給し、消費者に提供する場が「市場」です。

まず、多数の売り手と多数の買い手が自由な取引を行っている**完全競争市場**では、価格の変動を通じて、売れ残りや品不足が自動的に調節され、資源が最適に配分されるようになっています。この市場の自動調節作用を、経済学者のアダム・スミスは、「**見えざる手**」と呼びました。

完全競争市場では、企業や家計は、価格に影響を与えることはできません。したがって、企業や家計は、プライステイカー（価格受容者）として行動し、価格を前提に供給量や需要量を決定します。

ちなみに、完全競争市場は以下の4条件を満たすと、成立します。

①同種類の財を作る企業の生産物は同質である
②家計や企業は多数存在し、個々の取引量は全体に比べて十分小さい
③家計や企業は市場価格や財の特性について完全な情報を持っている
④長期的には企業による市場への参入・退出は自由である

均衡価格の決定

一般に、消費者は価格が安くなるほど消費量を増やします。

したがって、消費者の行動を表す需要曲線（D）は、**価格（P）が下がるに従って需要量（Q）が増える**「**右下がり**」**の曲線**となります。

また、一般に、生産者は価格が高くなるほど生産量を増やします。

したがって、生産者の行動を表す供給曲線（S）は、**価格（P）が上がるに従って供給量（Q）が増える**「**右上がり**」**の曲線**となります。

消費者と生産者が出会う市場では、**両者の気持ちが一致する点（「均衡価格」）**で取引が成立します。したがって、需要曲線（D）と供給曲線（S）の交点であるE_0が均衡点となり、市場で決定される均衡価格はP_0、均衡取引量はQ_0となるのです。

市場の条件と機能②

「見えざる手」による価格の自動調節作用

> 均衡点から外れたり、売れ残りが発生しても解消される機能がある

価格の変動によって解消される不均衡

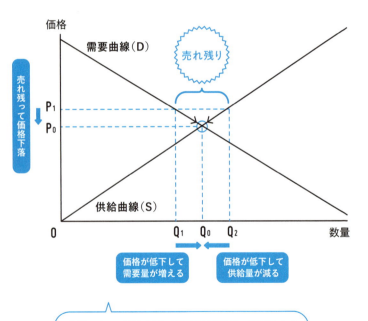

市場において売れ残り・品不足は自動的に解消される

価格の自動調節機能

　消費者と生産者の気持ちが一致したとき、均衡点が生まれる仕組みについて見てきました。

　では、何らかの原因によって価格が均衡価格P_0から離れ、**需要量と供給量に不均衡が発生した場合**はどうなるのでしょうか？　この場合、価格が変動して、自動的に不均衡が解消されることになります。これを、**価格の自動調節機能**といいます。

超過供給や超過需要は価格の変動によって解消

　例えば、ある財の価格が均衡価格より高いP_1になったとします。この場合、この財の需要量は、需要曲線（D）上のP_1に対応する点で決まり、Q_1となります。また、この財の供給量は、供給曲線（S）上のP_1に対応する点で決まり、Q_2となります。その結果、$Q_2 - Q_1$の分だけ、**超過供給、すなわち「売れ残り」**が発生します。

　売れ残りが発生している場合、**この財の価格は徐々に低下**します。価格の低下に伴って、この財の需要量は増加し、逆にこの財の供給量は減少していきます。その結果、やがて超過供給は解消されることになります。超過供給が解消されると、**売れ残りはゼロになる**ので、価格の低下は止まります。

　逆に、ある財の価格が均衡価格よりも低くなった場合、**超過需要、すなわち「品不足」**が発生します。その結果、価格が上昇して、超過需要は解消されることになります。

　以上のように、完全競争市場では、均衡価格と異なる価格になって需要量と供給量の不均衡が発生したとしても、価格が変動することによって、**需要量と供給量の不均衡は自動的に解消される**ことになります。

市場の条件と機能③

曲線の移動による価格の調節メカニズム

> お互いの事情に応じて曲線が移動して不均衡を解消する

需要曲線の移動　家計の所得が増加した場合

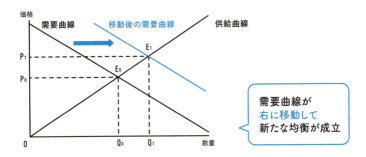

需要曲線が右に移動して新たな均衡が成立

供給曲線の移動　原材料の価格が低下した場合

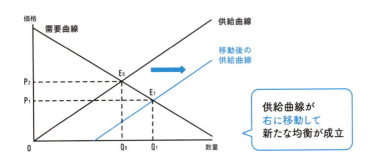

供給曲線が右に移動して新たな均衡が成立

曲線の移動による調節

さきほどは、財に均衡価格よりも高い値段がついたケースについて見ましたが、**消費者側や生産者側の事情に変化があった場合**の自動調節機能はどのように働くのでしょうか。

この場合、**需要曲線や供給曲線が移動**して、需要量と供給量の不均衡が解消されることになります。

需要曲線の移動

例えば、**家計の所得が増加した場合**、財の価格が同じであれば、**需要量は増加**します。この場合、消費者の行動を表す需要曲線上の点はすべて右方向に移動するので、需要曲線は右方向に移動します。

その結果、均衡点 E_0 は新たな均衡点 E_1 に移動し、財の新たな均衡価格は P_1 に上昇し、新たな均衡取引量は Q_1 に増加します。

同様のことは、その財の人気が上昇した場合にも発生します。例えば近年、今まで魚を食べなかった国の人々が魚を食べるようになって**マグロの需要が増えたため**、価格が上昇しています。

供給曲線の移動

例えば原材料の価格が低下した場合、財の価格が同じであれば、**財1個あたりの利益は増加**するので、**財の供給量は増加**します。この場合、生産者の行動を表す供給曲線上の点はすべて右方向に移動するので、供給曲線は右方向に移動します。

その結果、均衡点 E_0 は新たな均衡点 E_1 に移動し、財の新たな均衡価格は P_1 に低下し、新たな均衡取引量は Q_1 に増加します。

同様のことは、賃金が低下したり新たな生産技術を導入することによって**生産費が低下した場合**にも発生します。

市場の失敗をもたらすもの①

市場が機能不全になる「市場の失敗」

> 現実は完全競争市場の成立は難しい。「市場の失敗」は主に4つある

公共財の供給不足

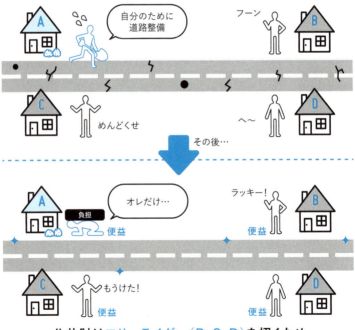

公共財はフリーライダー（B、C、D）を招くため
市場からの供給にふさわしくない

市場の失敗とは

これまで見てきたように、自由な競争が実現している完全競争市場では、資源の効率的な配分が実現され、売れ残りや品不足が**自動的に解消**されます。その意味で、完全競争市場では、経済の本質である、資源配分の問題を自動的に解決することになります。

ところが、現実には様々な要因から、市場にゆだねても効率的な配分が実現しない場合があります。これを「**市場の失敗**」といいます。

市場の失敗には、「**公共財の供給不足**」、「**外部効果**」、「**独占・寡占市場**」、「**情報の非対称性**」などがあります。ひとつひとつ解説していきましょう。

公共財の供給不足

まずは「**公共財の供給不足**」についてです。

公共財とは、警察や消防などの公共サービスのことです。

公共財は、**対価を支払った人にだけ供給する**というわけにはいきません（「非排除性」といいます）。例えば、警察は、利用料を支払った人だけ犯罪から守るということはできません。

また、消防も、利用料を払わない人の家の火災は放置するというわけにはいきません。その結果、公共財は、利用料を支払わずに利用する**フリーライダー（ただ乗りをする人）**の出現を排除できません。

利用の対価を徴収することができない公共財は、民間企業が市場を通じて供給することができません。つまり、公共財は、市場にまかせておいても必要な量が供給されないことになります。このような意味で、公共財の供給不足は「市場の失敗」のひとつにあたります。

公共財は、市場を通じて供給することができないので、代わりに**政府が財政を通じて供給**し、その費用は強制的に徴収する租税でまかなわれることになります。

市場の失敗をもたらすもの②

効率的な資源配分を妨げる外部効果

> 外部効果とは市場を通さずに、他の経済主体に影響を与えること

外部経済＝良い影響

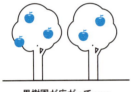
果樹園が広がって……

近所のハチミツ生産がUP！

外部不経済＝悪い影響

工場の公害によって……

周辺住民への健康被害

不当に安いコストで過大な生産をしている
（公害を規制すればコストが上がり適切な生産量となる）

外部経済と外部不経済

「**外部効果**」とは、ある経済主体の活動が、市場の取引を経ないで、つまり対価を支払わないで、他の経済主体に直接影響を与えることを指します。

注意しなければならないのは、外部効果が経済主体に与える影響は、悪いものとは限らないことです。外部効果のうち、良い影響を与える場合が**外部経済**、悪い影響を与える場合が**外部不経済**です。

例えば、果樹園の面積が広がったことによって**近所にある養蜂業者のハチミツの生産が増える**場合などが外部経済に当たります。

また、工場の有害物質の排出によって**周辺住民の健康が害される公害が発生した**場合などが外部不経済に当たります。

外部効果と市場の失敗

外部経済や外部不経済が発生している場合には、**効率的な資源配分が実現していない**ことになります。

例えば、外部不経済の典型例である公害が発生している場合、企業は本来負担すべき公害防止のための費用を負担せず、周辺住民や国・地方公共団体に公害による損害を押しつけながら、**製品を不当に安く生産している**ことになります。

公害を防止する設備を設ければ、生産コストが上昇するので、市場の取引量、すなわち生産量はもっと少なくなるはずです。したがって、外部不経済が発生している場合には、適正な生産水準以上の**「過大」な生産**が行われていることになります。

このような意味で、外部不経済は「市場の失敗」のひとつなのです。

外部不経済が発生している場合、政府は、法律による有害排出物の規制や有害物質の排出に対する課税（炭素税や環境税などの創設）を行います。結果、**生産は適正な水準まで抑制される**ことになります。

市場の失敗をもたらすもの③

独占・寡占市場はなぜ生まれる

> 本来、市場への参入・退場は自由だが
> 障壁が存在するケースもある

独占の形態

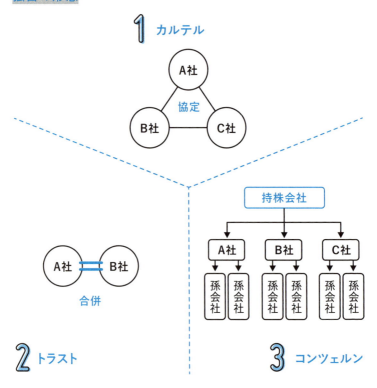

寡占市場の成立

次は「独占・寡占市場」です。

資本主義経済では、企業の市場への参入・退出は自由です。しかし、何らかの理由によって新しい企業がその**市場に参入することが困難になっている場合**には、独占・寡占市場が成立します。

例えば、巨額の生産設備を必要とする鉄鋼や石油化学などの産業では、企業の規模が大きくなるほど製品1単位当たりの生産費が低下する「**規模の利益（規模の経済）**」が存在します。

このような産業では、一定以上の規模の企業でないと市場に参入することが困難となります。その結果、これらの産業では、独占・寡占市場が成立しやすくなります。

企業結合の形態

企業の大規模化や独占・寡占市場の形成の過程で、**カルテル、トラスト、コンツェルン**などの企業結合があらわれます。これらの企業結合を通じて、寡占企業は製品価格を吊り上げて利潤を拡大しようとします。

カルテル（企業連合、企業間協定）とは、同じ産業に属する複数の企業が、利益の確保を目的として、**価格や生産量などについて協定を結ぶ**形態の企業結合です。

トラスト（企業合同）とは、**同じ産業に属する企業同士が合併する**形態の企業結合です。関連企業の合併が成立すれば、その企業だけで価格や生産量を支配することができるので、いちいちカルテルを形成する必要はなくなります。

コンツェルンとは、銀行や持株会社が、株式保有などを通じて異なる産業の企業を支配下に置く形態の企業結合です。第二次世界大戦前の日本に存在した**財閥は、コンツェルンの一形態**です。

市場の失敗をもたらすもの④

情報の格差がもたらす非対称性と逆選択

▷ 品質が良い財やサービスが消費者に届かなくなる

買い手と売り手の情報格差

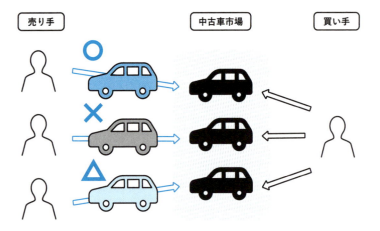

車の性能を識別できる ← 非対称 → 車の性能を識別できない

買い手は欠陥車をつかまされまいと安い車に流れ、
結果的に高く良い車が姿を消す
＝逆選択

情報の非対称性とは

売り手と買い手の間で、**商品に関する情報に格差がある（情報の非対称性が存在する）**場合、市場の取引が円滑に行われなくなります。

したがって、情報の非対称性は、「市場の失敗」をもたらします。

例えば、取引される財やサービスの品質についての情報が非対称である場合、品質の劣る財やサービスが多く出回り、品質の良い財やサービスの取引が阻害されることがあります。

具体例で説明しましょう。中古車市場では、**売り手は車の性能をよく知っているが、買い手は車の性能をよく知らない**というように、売り手と買い手の間に情報の格差が存在しています。

このような市場では、買い手は高い価格で欠陥車を買ってしまうことを恐れて、欠陥車に相当する低い金額しか払わなくなります。

その結果、市場に優良な中古車を出す売り手がいなくなって、性能の良い中古車の取引が十分に行われなくなります。

このように、良い性能の品を選ぼうとしても、結果的に逆の選択が行われる現象は、「**逆選択**」と呼ばれます。

逆選択への対応策・シグナリング

逆選択への対応としては、商品の品質に関連する情報を表示する**シグナリング**があります。

例えば、優良な中古車の売り手が、「2年間の無料修理」という品質保証をつければ、そうした保証をつけることができない**欠陥車の売り手との違いをシグナルとして発信する**ことができます。

そうすれば、品質についての情報の少なかった買い手が、「この売り手は中古車の品質に自信を持っているから、売り出されているのは欠陥車ではなく優良車であるはずだ」と判断しやすくなります。

独占を防ぐ法律

独占・寡占市場を防ぐ独占禁止法

自由な競争の実現を目指し、公正取引委員会が日々監視する

日本の寡占市場の一例

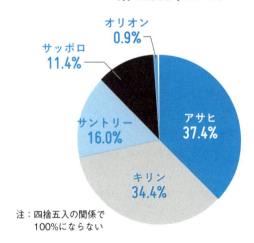

ビール類の2018年のシェア

- アサヒ 37.4%
- キリン 34.4%
- サントリー 16.0%
- サッポロ 11.4%
- オリオン 0.9%

注：四捨五入の関係で100%にならない

寡占市場の特徴

寡占市場では、有力企業が**プライス・リーダー**（**価格先導者**）となって製品の価格を引き上げると、他の寡占企業がそれに追随して暗黙のうちに価格が形成されることがあります。

こうして形成される価格は**管理価格**と呼ばれます。

例えば、自動車用鋼材の市場では、トップの新日本製鐵が値上げをすると、JFEスチールや神戸製鋼が同様に値上げをするということがありました。

寡占市場において企業が製品の価格を支配できるようになると、需要が減少したり、生産費が低下したりしても、製品の価格は下がりにくくなります。このような状態は、**価格の下方硬直化**と呼ばれます。

寡占市場において企業は、一定の利潤率を確保するために価格引下げ競争を回避し、**広告・宣伝**、**製品差別化**（**品質・ブランド**）などの**非価格競争**によって自社のマーケット・シェア（市場占有率）の拡大を目指すようになります。

独占禁止法

寡占企業が価格支配力をもつ場合、不当に価格が吊り上げられて、消費者の利益が害されるおそれがあります。そこで、市場の独占や不公正な取引を防ぐため、1947年に**独占禁止法**が制定されました。

独占禁止法の運用機関である公正取引委員会は、独占のおそれがある場合には企業分割を命じ、カルテルや不当な価格維持行為などを取り締まることができます。

公正取引委員会は、行政機関の一種ですが、内閣から独立して職務を遂行する行政委員会にあたります。

インフレ・デフレ①

物価が上がる・下がるとはどういうことか

> 物価が上がれば貨幣の価値は下がり、下がれば貨幣の価値が上がる

インフレとデフレの違い

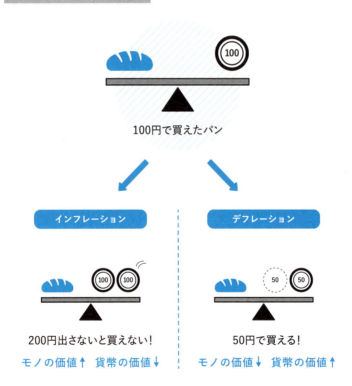

そもそも物価とは

ここまで、市場で取引される商品の価格の決まり方について見てきました。

次は、個々の商品の価格ではなく、**多数の商品の価格を総合的・平均的にあらわした「物価」**が私たちの生活にどのような影響を与えるのかを説明していきましょう。

物価には、総務省の統計局が作成する、消費者が購入する財やサービスの物価水準を示す**「消費者物価指数」**と、日本銀行が作成する、企業間で取引される財の物価水準を示す**「企業物価指数」**があります。

インフレーションとデフレーション

なぜ、多数の商品の価格を総合的・平均的に捉える必要があるのでしょうか。それは、次の2つの現象によって起こることを知れば理解できるでしょう。

まず、物価水準が持続的に上昇する**「インフレーション」**です。100円で買えるパンがあったとして、インフレーションによって物価が2倍になると、200円出さないと買えなくなってしまいます。

これはモノの価値が上がったことによって、貨幣（お金）の価値が下がったことを意味します。

この反対の現象が、物価水準が持続的に下落する**「デフレーション」**です。100円が買えるパンがあったとして、デフレーションによって物価が半分になると、50円で買えることになります。

これはモノの価値が下がったことによって、貨幣の価値が上がったことを意味します。一見するとお得なようですが、そんな単純な話ではありません。

この2つの現象は景気の良し悪しとも密接に関わってきますので、よく覚えておきましょう。ここからそれぞれの特徴を解説してきます。

インフレ・デフレ②

インフレーションは なぜ起こるのか

> インフレの原因はさまざまで、
> 上昇の程度もいくつかに分類される

インフレーションの一例

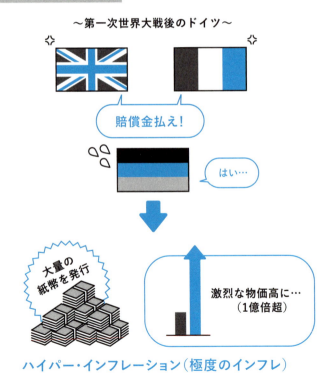

インフレとデフレの影響

インフレーションとは、**物価水準が持続的に上昇する**ことで、**貨幣価値の下落**がもたらされます。

インフレーションは、その原因に応じて、いくつかに分類されます。
「**ディマンド・プル・インフレーション**」は、需要量の増加に対して生産量が追いつかないために生じます（需要が引っ張る）。
「**コスト・プッシュ・インフレーション**」は、賃金や原材料費などの生産コストの上昇によって生じます（費用が押し上げる）。

これらの他にも**輸入財の価格上昇**や**過剰な通貨供給**を原因とするものがあります。

また、**加速の程度**に応じても、いくつかに分類されます。
「**ハイパー・インフレーション（極度のインフレ）**」は、短期間で生じる急激かつ極端な物価上昇です。たとえば、1922年から23年にかけてのドイツでは、物価が1億倍を超えて経済が大混乱に陥りました。
「**ギャロッピング・インフレーション（駆け足のインフレ）**」は、急激な物価上昇です。
「**クリーピング・インフレーション（忍び寄るインフレ）**」は、ゆるやかな物価上昇です。

スタグフレーション

不況にもかかわらず、物価が上昇することを「**スタグフレーション**」といいます。これは、「**景気停滞（スタグネーション）**」と「**物価上昇（インフレーション）**」を合成して作った言葉です。

一般に、好況期には、需要の増加に供給が追いつかず、品不足となるのでインフレ（物価上昇）となり、逆に、不況期には、需要の減少によって、売れ残りが発生するので、デフレ（物価下落）となります。ところが、1970年代の先進国では、景気停滞と物価上昇が同時に発生するスタグフレーションという変則的な状況が広く発生しました。

インフレ・デフレ③

インフレとデフレはどんな影響を与えるか

> インフレでは年金生活者の生活は苦しくなり、債務者の負担は減る

デフレスパイラルに陥ると…

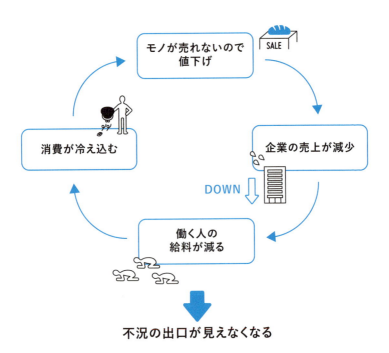

インフレーションで起こること

インフレになると、**物価は持続的に上昇**し、**貨幣価値は持続的に下落**します。

したがって、インフレになると、年金生活者など、収入の額が決まっている人の生活は苦しくなります。なぜなら、インフレで物価水準が2倍になった場合、**買うことのできる財やサービスの量は半分になってしまう**からです。

逆に、インフレになると、債務者（借金をしている人）の負担は軽くなります（「**債務者利得**」といいます）。

例えば、インフレによって牛丼1杯が250円から500円に値上がりした場合、1万円の借金を返済するためには、インフレ前は40杯の牛丼を我慢する必要がありましたが、インフレ後は20杯の牛丼を我慢すればよいことになります。

デフレの場合には、上記とは逆の影響が発生します。

デフレスパイラル

一般に、デフレ（物価下落）になると、商品価格が低下するので需要が増加し、**やがて生産は回復する**ことになります。

しかし、物価下落が不況を招き、不況がさらに物価下落につながるといった**悪循環**に陥ることもあります。このような悪循環は、「**デフレスパイラル**」と呼ばれます。

デフレスパイラルに陥ると、物価の下落に伴って企業の売上が減少し収益が悪化します。その結果、企業の人員や賃金が削減され、それに伴って需要が減少し、**さらにデフレが進行する**というわけです。

PART 4

経済成長
のキホン

市場と物価の動きについてつかめたところで、
次はもっと大きな、国としての豊かさについて学びましょう。
日頃、経済ニュースで流れている
「実質GDP」などの難しい用語も、
本章を読めばスッキリ理解できるはずです。

豊かさを測る2つの指標

国民所得と国富は国の豊かさの指標

▷ 一定時点の経済量は国富で、
一定期間の経済量は国民所得である

ストックとフロー

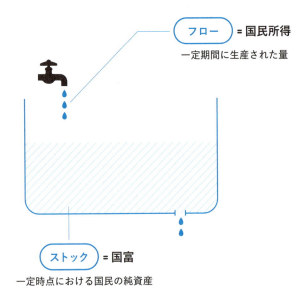

フロー ── 国内総生産(GDP)、国民総生産(GNP)
ストック ── 国富、国債残高、家計所有の金融資産など

国の経済的規模

国の豊かさ、つまり経済規模は、**ストックの経済量である国富**と**フローの経済量である国民所得**の２つの指標によって測ることができます。

ストックは、**一定時点で測った経済量**です。国富、国債残高、家計の金融資産、マネーストック（通貨残高）などがこれにあたります。

フローは、**一定期間で測った経済量**です。国内総生産（GDP）、国民総生産（GNP）、政府の財政支出、国際収支、電子商取引額などがこれにあたります。

国富と国民所得

国富とは具体的に何を指すのでしょうか。

これは、国民経済をストックの面から捉えたもので、ある一定時点における**国民が保有する純資産**です。非金融資産（実物資産：住宅・建物、機械・設備、土地、地下資源、漁場など）と、対外純資産（日本の政府や企業などが海外に持つ資産から、外国の政府や企業などが日本国内に持つ資産を差し引いたもの）を合計した数字です。

ちなみに、2016年末時点の**日本の国富は約3350.7兆円**です。

国民所得のほうはどうでしょうか。

こちらは、ある一定期間（例えば１年間）に生産された、財やサービスの付加価値（76ページ参照）を合計したものです。

領土を基準に粗付加価値（ざっくりした付加価値）を合計したものが国内総生産（GDP）、**国民を基準に粗付加価値を合計したもの**が国民総生産（GNP）です。ただし、ここでいう「国民」は、日本に居住している人や企業であり、国籍は問いません。

ちなみに、2018年度の**日本の名目GDPは約550.4兆円**です。

GDPとGNP①

GDPは領域が基準で、GNPは居住者が基準

▷ 人の行き来が活発な現代では、GNPよりGDPが主流となる

基準が違う2つの指標

GDP＝**国内**で生産されたモノやサービスの付加価値
GNP＝**国民**が生産したモノやサービスの付加価値

アメリカの歌手が日本公演	日本の歌手がアメリカ公演

GDPには含まれるが、GNPには含まれない | GNPには含まれるが、GDPには含まれない

国内総生産（GDP）

GDPについて、もう少し詳しく見てみましょう。

国内総生産（GDP）とは、**一定の期間に１国の国内で生産された財やサービスの粗付加価値（ざっくりした付加価値）の合計**です。

GDPが領域を基準とするのに対し、GNP（国民総生産）は居住者を基準とします。新たに生産された粗付加価値を合計したものですから、市場で取引された財やサービスの総生産額から、企業間で取引された原材料などの中間生産物の価額を差し引く必要があります。

GDP ＝ 総生産額 － 中間生産物の価額

GDPに含まれないもの

まず、GDPは「生産」によって生み出された粗付加価値の合計ですから、生産によって増加したわけではない株式や不動産などの**資産の価格上昇（キャピタル・ゲイン）は含まれません**。

また、GDPはGNPと違い、「国民（居住者）」ではなく「**国内**」で**生産された粗付加価値を合計したものですから、外国人（非居住者）が国内で生産した粗付加価値は含まれますが、自国民（居住者）が国外で生産した粗付加価値は含まれません。

例えば、外国の歌手が日本公演を行って生産したサービスはGDPに含まれますが、**日本の歌手が海外公演を行って生産したサービスはGNPには含まれても、GDPに含まれません。**

人の往来が活発になった現在では、「居住者によって生産されたかどうか」よりも「**国内で生産されたかどうか**」の方が、国内経済にとって重要です。

そこで、現在では、「領土」を基準としたGDPが用いられています。日本でも、1993年にGNPに代わって、GDPが主な指標として用いられることになりました。

GDPとGNP②

GNPに代わって使われているGNI

> GNPは生産による粗付加価値の合計。
> 近年はGNIとして再定義される

付加価値とは？

近年では……
Gross National Product
に代わり
Gross National Income
を使うように（ほぼ同じもの）

海外所得と国民総生産（GNP）

国内の景気を測る指標として国内総生産（GDP）にその主役の座を譲ってしまった国民総生産（GNP）ですが、国民総所得（GNI）として再定義され、現在でも用いられています。

これまで見てきたように、GNPは、**一定の期間に1国の国民（居住者）によって生産された財やサービスの粗付加価値を合計したもの**です。

GNPは、国民（居住者）を基準にした粗付加価値の合計ですから、GDPに海外からの**「純所得」**を加えなければなりません。
純所得は、「海外からの所得の受け取り」から「海外への所得の支払い」を差し引いて求めることができます。

「海外からの所得の受け取り」は、居住者が国外で生産した粗付加価値の額に等しく、「海外への所得の支払い」は、非居住者が日本国内で生産した粗付加価値の額に等しいからです。

GNP ＝ GDP ＋ 海外からの純所得

国民総所得（GNI）としての再定義

GNPをGDPの関係で捉えると所得を測る尺度となっています。そこで、GNPは**GNI（国民総所得）**として再定義され、所得を測るモノサシとして用いられることになりました。
また新しい指標が出てきましたが、GNIはGNPを「分配面」から見たもので、同じものと捉えておいて良いでしょう。

GDPとGNP③

GDPやGNPに入るもの・入らないもの

> 市場の取引の対象になっているかどうかが基準だが、例外もある

GDPなどに入らないもの

家事労働　　ボランティア活動

市場で取引されないため

例外的にGDPに入るもの

農家が生産物を自分で消費　　家主が持ち家から得られる便益　　政府が生産する財やサービス

GDPやGNPに算入されるもの

　国内総生産（GDP）や国民総生産（GNP）などの国民所得の数値は、**金額で表示**されます。したがって、生産された財やサービスであっても、価格が明確でないものは計算に入りません。GDPやGNPに算入されるのは、原則として市場で取引されて、価格が明確である財やサービスに限られます。

　例えば、**家族による家事労働や無償のボランティア活動**などは、サービスを生産していますが、市場における取引の対象となっておらず、その**価格が明確でないため**、GDPやGNPの計算に入りません。

例外的に算入される場合

　しかし、市場で取引されない財やサービスであっても、その**生産額が大きく、その額の推定が比較的容易である場合**には、例外的に市場で取引された場合の価格が「推計」されて算入されます。

　第一に、農家が生産した農産物を市場に出さずに自分で消費する「**自家消費**」の場合には、いったんすべて市場で売ったものとみなして、その額をGDPやGNPに計上することになっています。

　第二に、持ち家から家主が得られる便益は、「**帰属家賃**」としてGDPやGNPに計上することになっています。

　貸家の場合、貸主が生産した居住の便益の額は、借主の支払った家賃の額になります。持家の場合、家主は居住の便益を生産していますが、自ら消費しているので額はわかりません。そこで、持家の場合、**近隣の家賃から推計された額**がGDPやGNPに計上されます。

　第三に、政府が生産する財やサービスのなかには、**警察や消防**など市場を通さないで供給され、その額がはっきりしないものがあります。そこで、そうした財やサービスについては、それらの生産にかかった費用を生産額として、GDPやGNPに計上することになっています。

付加価値の中身①

付加価値とは
どう計算するか

> 付加価値とは、生産によって
> 新たに生み出された価値

付加価値とは？

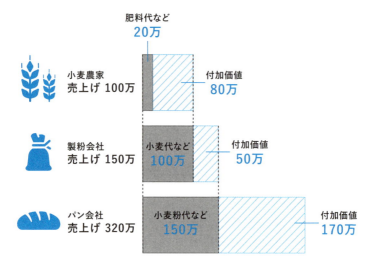

小麦農家・製粉会社・パン会社だけの吉田国

肥料代など 20万
小麦農家 売上げ 100万　付加価値 80万

製粉会社 売上げ 150万　小麦代など 100万　付加価値 50万

パン会社 売上げ 320万　小麦粉代など 150万　付加価値 170万

吉田国のGDP 80万+50万+170万＝300万円

付加価値という概念

さきほどから何度も登場している付加価値という概念について、きちんと説明しておきましょう。

一言で言いあらわしてしまえば、付加価値とは、「企業や政府の生産活動によって新たに生み出された価値、付け加えられた価値」のことです。

新たに付け加えるから付加価値というのですね。

といっても、字面だけではわかりにくいと思うので、経済主体の項と同じく、モデルを使って解説してみましょう。

モデル計算で付加価値を理解する

小麦農家、製粉会社・パン会社の3社しか、国内に存在しない国があるとしましょう。仮に「吉田国」とします。

吉田国の小麦農家が100万円の小麦を生産し、原材料費として肥料代などが20万円かかったとします。この場合、小麦農家が生産した粗付加価値は、100 − 20 = **80(万円)**となります。

また、製粉会社が小麦農家から100万円分の小麦を購入して原料とし、150万円の小麦粉を生産したとします。この場合、製粉会社が生産した粗付加価値は、150 − 100 = **50(万円)**となります。

さらに、パン会社が製粉会社から150万円分の小麦粉を購入して原料とし、320万円のパンを製造したとします。この場合、パン会社が生産した粗付加価値は、320 − 150 = **170万円**となります。

GDPは粗付加価値の合計ですから、吉田国の国内総生産(GDP)は、小麦農家、製粉会社、パン会社それぞれが生産した粗付加価値を足して、80 + 50 + 170 = **300(万円)**になるというわけです。

付加価値の中身②

NNPとNIでより正確な付加価値を求める

> 固定資本減耗や間接税・補助金を考慮してより正確な数値を導く

自動車1台を例に付加価値を考えると…

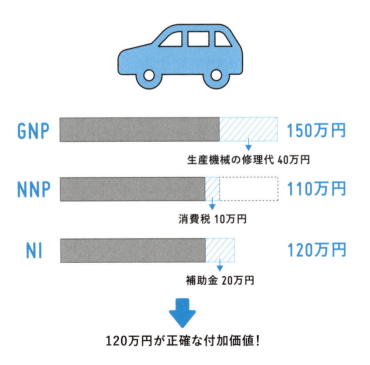

GNP　150万円
生産機械の修理代 40万円

NNP　110万円
消費税 10万円

NI　120万円
補助金 20万円

120万円が正確な付加価値！

国民純生産（NNP）

さて、国民総生産（GNP）は、国民が生み出した粗付加価値を合計したものですが、生産の過程で機械などの「固定資本」は故障などによって価値が減少します。したがって、より正確な付加価値の合計である**国民純生産（NNP）**を求めるためには、GNPから、価値の減少額である固定資本減耗（減価償却費）を差し引きます。

例えば、自動車1台の生産で150万円の粗付加価値が生み出されたとしても、その間に生産機械の修理代が40万円かかったとしたら、純粋に付加した価値は、150万円－40万円＝**110万円**となるわけです。

国民所得（NI）

しかし、NNPには、付加価値とは関係なく、消費者が政府に支払う**「間接税」が上乗せ**されています。また、**「政府の補助金」が交付**されており、その分だけ本来の価値に比べて割安になっている可能性があります。補助金は、消費者に製品を安く販売するために政府が**生産者に交付する**ものだからです。

したがって、さらに正確な付加価値を求めるためには、付加価値とは関係のない**間接税の上乗せ額を差し引き、市場価格を割安にしている補助金の額を加える**必要があります。こうして算出されるのが、正確な付加価値の総額である**NI（国民所得）**です。

例えば、10％の消費税が課されていれば、自動車1台110万円の付加価値のうち、10万円は生産額とは関係のない間接税です。

また、自動車1台につき20万円の補助金が交付されていれば、本来の付加価値は20万円高いはずです。

したがって、自動車1台分の正確な付加価値は、110万円から間接税にあたる消費税の10万円を差し引き、補助金の20万円を加えた、110万円－10万円＋20万円＝**120万円**となるわけです。

生産・分配・支出の構成

三面等価の原則
国民所得は循環する

> 生産・分配・支出の数値は
> どの面で計算しても一致する

誰が生産したか？

GDP / 第一次産業 → 第二次産業　第三次産業

誰に分配されたか？

GDI / 雇用者報酬　営業余剰・混合所得　純間接税　固定資本減耗

何に使ったか？

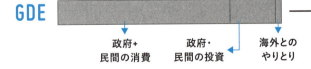

GDE / 政府+民間の消費　政府・民間の投資　海外とのやりとり

どの角度から集計してもGDPと等しい

三面等価の原則とは

ここまで生産と付加価値について見てきましたが、「**生産**」されたものは、誰かに所得として「**分配**」され、最終的には何らかの形（**消費してなくなるか投資して資産として残る**）で「**支出**」されます。

よって、国内総生産（GDP）は、生産、分配、支出のどの面で計算しても等しくなります。この原則を「三面等価の原則」といいます。

GDP（国内総生産）= 国内総所得（GDI）= 国内総支出（GDE）

上記のうち、**生産面で見たものがGDP**です。

最近の日本では、**第三次産業（サービス業など）が全体の約7割**を占めています。

分配面で見たものがGDIです。雇用者への分配額である「雇用者報酬（賃金）」、法人企業の取り分である「営業余剰」、個人企業の取り分である「混合所得」、生産・輸入品に課される税から補助金を差し引いた「純間接税」、そして、さきほど見た「固定資本減耗」から構成されます。

最近の日本では、**雇用者報酬がGDIの約5割**を占めています。

支出面で見たものがGDEです。GDEは、民間の消費である「民間最終消費支出」、政府の消費である「政府最終消費支出」と、「国内総資本形成」、「財・サービスの純輸出（輸出から輸入を差し引いたもの）」の4つの項目から構成されます。

国内総資本形成は、政府や民間の支出のうち「消費」されないもの、つまり「投資」にあたります。

最近の日本では、**民間最終消費支出がGDEの約6割**を占めています。内訳を見ることで、国民所得の循環の構図が見えてくるわけです。

経済成長①

経済は景気変動を繰り返して成長する

変動は周期と要因によって4つに分類される

景気変動の周期

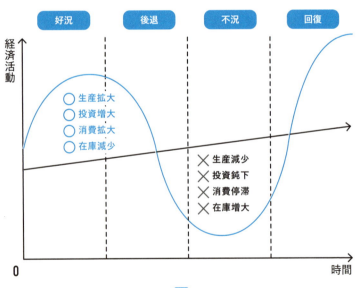

好景気も不景気も
永遠に続くことはない

景気変動の局面

ここからは、国内総生産（GDP）が伸びて、**国が経済成長する**とはどういうことか、詳しく見ていきたいと思います。

資本主義の経済活動は、直線的に成長していくのではなく、「好況」→「後退」→「不況」→「回復」といった景気変動（**景気循環**）を繰り返して成長していきます。以下がそれぞれのフェーズの特徴です。

好況……経済の拡大が続いて、生産・投資・雇用が増加します。また、在庫が減少して、品不足になり、物価が上昇します。
後退……需要に対して生産が過剰となり、徐々に生産が減退します。また、投資や雇用の縮小が始まります。
不況……経済活動が低迷し、底に達します。また、在庫が増加して、売れ残りが発生し、物価が下落します。
回復……底から一転、経済活動が徐々に活発になっていきます。

景気が急激に後退する現象を、とくに**恐慌**といいます。資本主義経済では、周期的に恐慌が発生してきました。その最大のものは、24ページでも触れた、1929年にアメリカから始まった「**世界恐慌**」です。

景気変動の分類

景気変動は、周期とその要因によって以下のように分類され、それぞれ発見者の名前がつけられています。

名称	周期	要因
コンドラチェフの波	約50年	技術革新
クズネッツの波	約20年	建設投資
ジュグラーの波	約10年	設備投資
キチンの波	約40か月	在庫投資

経済成長②

名目国内総生産と実質国内総生産

> 名目 GDP は金額で表した成果だから物価変動の影響を受けている

なぜ実質GDPが必要か

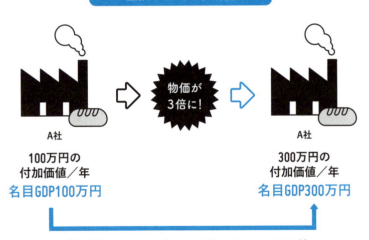

経済の正しい規模を知るためには
実質GDPが不可欠

名目GDPと実質GDP

経済成長、つまり国内総生産（GDP）の伸びについて見る前に、押さえておかなければならない点があります。

GDPには、金額をそのまま示した**名目国内総生産（名目GDP）**と、物価変動の影響を除いた**実質国内総生産（実質GDP）**があるということです。

実質的な経済規模は、物価変動の影響を除いた実質GDPによって捉える必要があります。なぜでしょうか？

国内に、A社という企業しかない国があったとしましょう。

A社は、昨年100万円の付加価値を生み出したとします。

企業はA社だけなので、この国の**名目GDPは100万円**ということになります。ところが、A社の生産量はそのままで、急激に物価が上昇し3倍になったとします。

この場合、**名目GDPは3倍**になったわけですが、**A社の生産量に変化はありません**。実際の経済規模は前のままです。

だから正しい経済の規模を知るためには、物価変動の影響を除いた実質GDPを見るべきなのです。

実質GDPの求め方

実質GDPは、名目GDPを、物価水準を示す**GDPデフレーター**で割って求めることができます。

$$実質GDP = \frac{名目GDP}{GDPデフレーター} \times 100$$

GDPデフレーターとは、基準年の物価水準を100とした、**比較年の物価水準を表す指標**です。基準年のGDPデフレーターが100で、翌年のGDPデフレーターが105だった場合、物価が5％上昇したことを意味します。

経済成長③

経済が拡大する速度が分かる経済成長率

経済の状態を反映する大切なバロメーター

経済成長率を計算してみる

	昨年	今年
名目GDP	400兆円	441兆円
GDPデフレーター	100	105（物価上昇率は5%）

1 名目経済成長率

$$\frac{441 - 400}{400} \times 100 = 10.25\%$$

2 実質経済成長率（物価を考慮）

$$\frac{400}{100} = 400 兆円 \quad \frac{441}{105} = 420 兆円$$

→ 前年の実質GDP　　→ 今年の実質GDP

$$\frac{420 - 400}{400} \times 100 = 5\%$$

経済成長率の計算方法

　国内総生産（GDP）の正しい評価の仕方を学んだところで、いよいよ経済成長率、つまりGDPの伸び率について見ていきましょう。

　経済成長率は、2つあります。
　先ほど登場した、物価水準の変動を考慮せずにそのまま示した名目国内総生産（名目GDP）の伸び率である「**名目経済成長率**」と、物価水準の変動の影響を除いた実質国内総生産（実質GDP）の伸び率である「**実質経済成長率**」です。

　名目経済成長率は、前年から今年にかけてのGDPの伸び幅を、前年の名目GDPで割って求めます。

$$名目経済成長率 = \frac{今年の名目GDP - 前年の名目GDP}{前年の名目GDP} \times 100$$

　実質経済成長率も同じです。前年から今年にかけてのGDPの伸び幅を、前年の実質GDPで割って求めます。

$$実質経済成長率 = \frac{今年の実質GDP - 前年の実質GDP}{前年の実質GDP} \times 100$$

経済成長率を出してみる

　数式だけだとイメージが湧きにくいでしょうから、昨年の名目GDPが「400兆円」、今年が「441兆円」で、GDPデフレーターが昨年が「100」、今年は物価上昇率が5％で「105」とした場合の経済成長率を、左図で考えてみましょう。

需給ギャップ

潜在力と現実の差がGDPギャップ

> 潜在GDPを総供給、現実のGDPを総需要とみなして経済状況を測る

日本のGDPギャップの推移

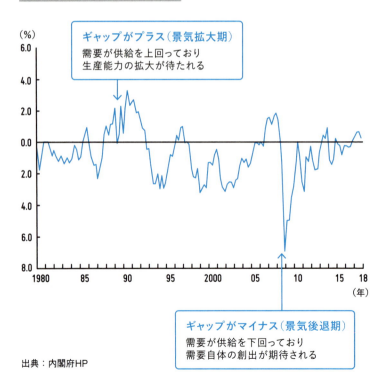

出典：内閣府HP

潜在GDPとGDPギャップ

GDPは「伸びているかどうか」以外にも、その**潜在力と現実の差**に着目することで、現在の経済の状態を捉えることができます。

そこで登場するのが、「**潜在GDP**」と「**GDPギャップ**」です。

潜在GDPとは、供給能力のことで、労働力、資本、技術をフルに活用した場合に実現することができるGDPです。この潜在GDPと現実のGDPの差を「**GDPギャップ**」と呼びます。

GDPギャップから何がわかるか

「**GDPギャップがマイナス**」、つまり現実のGDPが潜在GDPを下回る状況の場合、有効需要よりも供給能力が大きい状態となっています。

この場合、企業の設備や人員が過剰になっていると解釈できるので、**政府が有効需要を創出すれば、生産は拡大する**ことになります。

これに対し、「**GDPギャップがプラス**」、つまり、現実のGDPが潜在GDPを上回る状況の場合、供給能力よりも需要が大きい状態になっています。

この場合、企業の設備や人員が不足していることになるので、政府が有効需要を創出しても、生産は増えず、賃金の上昇によって物価が上昇する（インフレーションが発生する）ことになります。

したがって、このような場合に経済成長を実現するには、**生産能力自体を拡大する**ことが必要不可欠です。

ここから読み取れることは、長期的な経済成長を実現するためには、**有効需要の拡大という需要の面だけでなく、供給の面も考えて、労働力や資本の拡大と生産性の向上を進める必要がある**ということです。そのためには、規制緩和を進めて投資を促進したり、労働力の円滑な移動を可能にすることで、全体の生産性を向上させる必要があるのです。

PART 5

財政
のキホン

経済活動を行っているのは
企業だけではありません。
赤字国債、プライマリーバランス……
今こそニュースで飛び交う財政用語の
本質を理解しましょう。

財政活動の中身①

財政とは政府が行う経済活動のこと

公共サービスを生産して、国民に提供するのが仕事

租税などで財源を集め、公共に還元する

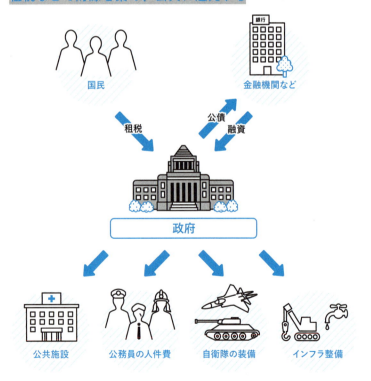

政府も経済活動を行っている

国を持続的に存続・成長させるために財政を担っているのが政府です。財政とは、単純に収入と支出を管理することではなく、**政府（国や地方公共団体）**が行う**経済活動**を意味します。

経済活動の視点で見ると、政府の働きは、警察や国防などのさまざまな**公共サービスを生産**して国民に提供しているといえます。

しかし、そうした公共サービスの対価は、市場を通じて徴収することができません。

したがって、公共サービスを生産する費用は、**租税**という形で強制的に徴収します。そして、租税でまかなうことができない場合には、政府が**公債**を発行（借金）して不足分を調達するわけです。

「安価な政府」から「大きな政府」へ

19世紀の中頃まで、国家の役割は、警察や国防などの公共サービスの提供や、道路の建設など必要最小限の公共事業に限定されていました。したがって、財政の規模はかなり限定されたものでした。

18世紀のイギリスの経済学者アダム・スミスは、このような段階の政府を、「**安価な政府**」と呼びました。この「安価な政府」は、政府の規模という観点からは、「**小さな政府**」と呼ばれています。

しかし、1929年の世界恐慌を契機に、政府が財政を通じて市場に積極的に介入することによって**経済の安定を図る政策**が、広く採用されるようになりました。このような政策は、第二次世界大戦後の資本主義国でスタンダードとなりました。

その結果、現代では、財政の規模が著しく拡大し、「安価な政府」「小さな政府」は「**大きな政府**」へと移行したのです。

財政活動の中身②

政府の財政には3つの機能がある

> 資源配分の調整と所得の再分配、景気の安定で市場を調整する

市場ではまかなえない財政3つの機能

第1の機能・資源配分の調整

なぜ政府が財政を通じて経済活動を行うのでしょうか。

それは、財政には以下のような**3つの機能**があるからです。

まず、警察や国防などの公共財は、市場を通じて供給することが困難です。そこで、政府が財政を通じて必要な量の公共財を供給し、**資源配分を調整**します。

ただし、その費用を公共財の利用者から代金として徴収することはできないので、租税という形で国民から強制的に徴収します。

第2の機能・所得の再分配

人々は、労働力や資本などを市場を通じて提供し、その対価として、賃金や配当・利子などを受け取ります。したがって、所得はまず、市場を通じて分配されることになります。

しかし、市場を通じて受け取る所得には**格差**があります。この格差があまりにも大きい場合には、国民の間に不満が広がり、社会の安定が損なわれることになります。

したがって、社会の安定のためには、**所得の格差を是正する政策**が必要です。そこで政府は、所得が多くなるにしたがって税率が高くなる「累進課税制度」を採用して、所得の多い人から多くの税金を徴収し、社会保障制度を通じて所得の少ない人へ移転させているのです。

第3の機能・景気の安定

これまで見てきたように、経済は景気が良くなったり悪くなったりしながら成長していきます。しかし、不況が長期化すると、企業の倒産や失業が増えて、国民生活は苦しくなります。

そこで、政府は、公共投資の増減や減税・増税を行うことによって、**景気や雇用を安定**させようとしています。こちらについては、24ページなどですでに述べた通りです。

一般会計と特別会計①

国の経費をまかなう一般会計予算

> 借金に依存する割合は約3分の1で、最大の歳出項目は社会保障関係費

平成31年度一般会計歳出・歳入の構成（臨時・特別の措置を除く）

一般会計歳入

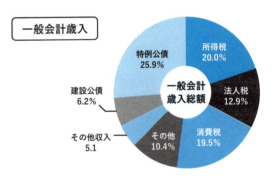

一般会計歳出

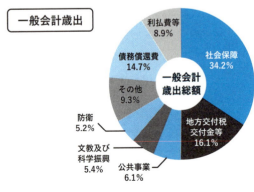

一般会計予算の中身

では、先ほど解説した、政府の財政が担う3つの機能を、どのような予算配分で行っているのか見てみましょう。

予算とは、4月1日から翌年3月31日までの1会計年度における**歳入（収入）と歳出（支出）の見積もり**です。今年度はこれだけの収入があって、各項目にこれだけ支出しますという、収入と支出の計画ですね。

この予算という枠組みのもとで、政府の財政は運営されています。

予算のうちでも、最も重要なのが、**国の基本的な経費をまかなう「一般会計予算」**です。2019年度の一般会計の総額は、当初の予算で見ると、約100兆円です。

歳入と歳出

一般会計予算の歳入を見ると、**租税・印紙収入が約60％**で、公債金収入つまり**借金が約35％**です。

ここ何年か、歳入に対する公債金収入（借金）の割合である**国債依存度**は、30％を超えています。

歳出のうち最も多いのが**社会保障関係費で約35％**を占めています。社会保障関係費は、日本社会の高齢化を背景に、徐々に増加しています。高齢者が増えると、年金や医療などに使うお金が増えるからです。

歳出のうち2番目に多いのが**国債費で約25％**を占めています。国債費は、国債の元本や利子などの返済費用です。近年では、**国債費よりも公債金収入の方が多くなっている**ため、国債残高はどんどん増えています。2018年度末の日本の普通国債残高は、約880兆円にのぼります。

歳出のうち3番目に多いのが、地方自治体の資金である**地方交付税交付金で約15％**を占めています。地方交付税交付金は、国税の一定割合を財源とすることが法律で決まっています。

したがって、歳出に占める割合は大きく変動しません。

一般会計と特別会計②

事業運営を明確にする特別会計予算

> 特定の事業や資金運用のための会計で、近年は改革の標的に

本来は事業の運営を明確にするための予算

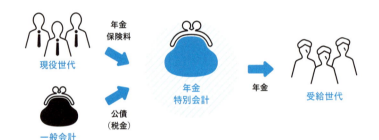

特別会計の種類

特別会計一覧（平成30年度）

- 交付税及び譲与税配付金特別会計(内閣府、総務省及び財務省)
- 地震再保険特別会計(財務省)
- 国債整理基金特別会計(財務省)　● 外国為替資金特別会計(財務省)
- 財政投融資特別会計(財務省及び国土交通省)
- エネルギー対策特別会計(内閣府、文部科学省、経済産業省及び環境省)
- 労働保険特別会計(厚生労働省)　● 年金特別会計(内閣府及び厚生労働省)
- 食料安定供給特別会計(農林水産省)
- 国有林野事業債務管理特別会計(農林水産省)※経過特会
- 特許特別会計(経済産業省)　● 自動車安全特別会計(国土交通省)
- 東日本大震災復興特別会計

(国会、裁判所、会計検査院、内閣、内閣府、復興庁、総務省、法務省、外務省、財務省、文部科学省、厚生労働省、農林水産省、経済産業省、国土交通省、環境省及び防衛省)

特別会計の意義

国の会計が一般会計予算ひとつだけであればわかりやすいのですが、「**特別会計**」として別にされている会計があります。特定の事業を営んだり、特定の資金を運用する場合に設けられます。事業ごとの受益と負担の関係などを明確化するため、一般会計と区別して経理されているのです。

国の会計は、政策を全体として把握できるように、**単一の会計（一般会計）で経理することに越したことはない**とされています。

しかし、国の活動の範囲が広く、複雑化してくると、単一の会計では事業の状況や資金の運営などが不明確となり、**事業や資金の運営に関する適切な経理が難しくなる**場合もあります。このような場合に、一般会計とは別に特別会計を設けることが望ましいと考えられているのです。

例えば、年金の財政は、収入の大半は加入者が支払う保険料ですが、**公費（税金）**も投入されています。この場合、公費（税金）および保険料による**歳入**と年金給付による**歳出を一般会計とは別立て**にした方が、その内容を把握しやすくなります。

そうした理由から、年金や国債整理事業など13の特別会計が設けられています。ちなみに、2019年度予算ベースの**歳出総額は約389.5兆円**、一般・特別会計間の重複計上額を除くと**純計額で約197.0兆円**でした。

特別会計の問題点

特別会計を巡っては、2003年の衆院財務金融委員会において、当時の塩川正十郎財務大臣が一般会計の歳出削減と比べる形で、「**母屋ではおかゆを食って節約しておるのに、離れ座敷で子どもがすき焼きを食っておる**。ルーズになっておるものが相当あると思いますので、その点をまず見直していくことが大事である」と答弁しました。

この発言を機に、**無駄な事業の存在などが指摘される**ようになり、特別会計の整理統合が進みました。

財政投融資

第2の予算と呼ばれる財政投融資

> 国の信用で集めた資金を、民間では対応困難な分野に融資する

<u>財政投融資の仕組み</u>

```
         金融市場
    返済 ↑   ↓ 財投債で資金調達
          政府
    返済 ↑   ↓ 低利で融資
      政府系金融機関など
    返済 ↑   ↓ 低利で融資
```

インフラ建設

教育の充実

農業の支援など

財政投融資とは

国は、租税を原資とする一般会計とは別に、**財政資金の投資（出資）や融資（貸付）**を行っています。この活動は**「財政投融資」**と呼ばれます。従来、その規模が大きく経済への影響力も大きかったことから、**「第2の予算」**とも呼ばれてきました。

国は、財政投融資を通じて、中小企業の支援など政策的な必要性があるが、**民間の金融機関では対応が困難な長期・低利の資金供給**を行っています。税金ではなく、国債の一種である財投債の発行などによって資金を調達しています。ちなみに2019年度の財政投融資の規模（当初計画）は、**約13兆円**です。

財政投融資の役割

市場経済では、市場を通じて財やサービスが配分されます。

しかし、これまで見てきたように、経済を完全に市場に委ねてしまった場合、**社会全体として必要とされる公共財や公共サービスが供給されなかったり、経済的に著しい不公平が生じたりする**などの問題が発生する可能性があります。このような問題を解決するため、政府の経済活動である財政政策が行われています。

財政政策を実施するための政府による資金供給には、主に租税を財源として補助金を交付するなど、返済義務を課さずに資金を供与する**「無償資金」**と、融資や投資といった、元本（元手）の償還、利子や配当など将来のリターンを前提に資金を供与する**「有償資金」**の2つがあります。

財政投融資は、この2つのうち「有償資金」による財政政策の手段です。民間金融機関では対応が困難な分野に、融資や出資の形で資金供給を行い、経済の円滑な資金循環を進め、**社会経済の課題解決、需要・雇用の創造**の役割を果たしています。

歳入と歳出のバランス

財政の健全性を測る基礎的財政収支

> 公債金を除いた歳入と
> 国債費を除いた歳出の差額

プライマリーバランス＝基礎的財政収支

歳入	歳出
公債金収入（借金）	国債費（借金の返済）
	赤字
税収	一般歳出など

プライマリーバランスが赤字

国債残高が増加

基礎的財政収支とは？

最近、経済ニュースでよく耳にする「**プライマリーバランス（基礎的財政収支）**」とは、「公債金収入を除いた歳入」から「国債費を除いた歳出」を差し引いた収支です（左の図を参照）。

わかりやすく言い換えれば、「新たな借金」と「以前の借金の元本と利息の返済」を除いて考えた、「**税収などのまともな収入**」と「**借金の返済以外の実際の支出**」の差額のことです。

プライマリーバランスは、**財政の健全性を判断する**指標として用いられています。

プライマリーバランスが赤字の場合には、「税収などのまともな収入」が「借金の返済以外の実際の支出」を下回っているので、**借金である国債残高が増加する**ことになります。

逆に、プライマリーバランスが黒字の場合には、**借金である国債残高は減少していく**ことになります。

繰り返される目標先送り

近年の日本では、プライマリーバランスが赤字（マイナス）の状態が続いています。その結果、**国債残高は増加し続けています。**

国債残高の過度な増加は、後述しますが、さまざまな問題を引き起こします。そこで、日本政府は、プライマリーバランスを黒字化する、という目標を掲げました。しかし、財政の改革は進まず、**目標の先送り**が続いています。

少子高齢化が進んでいる現状を前提とすれば、**税収の自然増は期待できません。**したがって、プライマリーバランスの黒字化を達成するためには、大幅な歳出カットとともに、増税による**歳出歳入改革**が必要です。消費税もその文脈から税率が引き上げられていったわけです。

税金の区分

税金の種類には直接税と間接税がある

> どこに納めるかによって、さらに国税と地方税に分かれる

租税の種類

		直接税	間接税
国税		**所得税**　**法人税** **相続税**　贈与税	消費税　酒税 関税　たばこ税 揮発油税　印紙税
地方税	都道府県税	**道府県民税**　**事業税** 不動産取得税　自動車税	地方消費税 道府県たばこ税 軽油引取税 ゴルフ場利用税
地方税	市町村税	**市町村民税**　固定資産税 軽自動車税　都市計画税	市町村たばこ税 入湯税

※都税は道府県税に準ずる
　特別区税は市町村税に準ずる

直接税と間接税

次は、租税の種類について見ていきましょう。

租税（税金）は、実際に租税を負担する者（負担者）と租税を納める義務がある者（納税者）が同じか、違うかによって、「**直接税**」と「**間接税**」に分かれます。

直接税は、**負担者と納税者が同一の租税**です。直接税の代表である所得税の場合、所得のある者が負担をし、納めなければなりません。

間接税は、**負担者と納税者が異なる租税**です。間接税の代表である消費税の場合、小売店などが付加価値に消費税を上乗せして徴収し、一定の時期にまとめて税務署に納めます。消費税は、消費者が消費税の負担者であり、小売店などが消費税の納税者になります。

国税と地方税

租税は、どこに**支払う**かに応じて、国に支払う「**国税**」と地方公共団体に支払う「**地方税**」とに分かれます。

国税には、直接税として所得税（個人の所得に課される税）、法人税（企業の利益などに課される税）、相続税などがあります。
また、間接税には、消費税、酒税、関税（輸入品に課される税）などがあります。
消費税の導入後は、**所得税、法人税、消費税**が国税収入の**三大税目**となっています。

地方税には、都道府県税として都道府県民税、事業税（企業の利益などに課される税）、地方消費税などが、市町村税として市町村民税、固定資産税などがあります。

租税の歴史

消費税導入に至る戦後日本税制の歴史

> シャウプ勧告で直接税中心主義が導入されるも、捕捉率の格差が発生

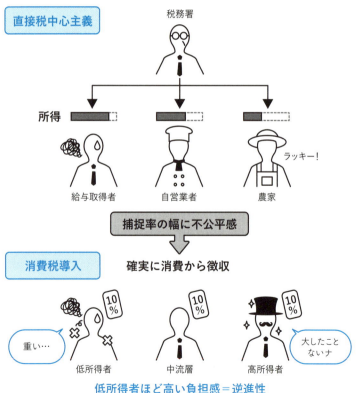

直接税中心主義と捕捉率

次は、現在の租税体系に至るまでの歴史を見てみましょう。

第二次世界大戦前の国税は、酒税や関税などの**間接税**が中心でした。これに対して、戦後の国税では、アメリカの税制使節団による**「シャウプ勧告（1949～50年）」**に基づいて**所得税中心の税制（直接税中心主義）**が採用されました。

その結果、経済成長に伴って国税収入は拡大していきました。

ところが、**所得の「捕捉率」の不公平**が問題視されるようになりました。例えば、「クロヨン」という言葉は、給与所得者（サラリーマン）は所得の9割が税務当局に捕捉されているのに対して、自営業者は6割しか捕捉されておらず、**農家に至っては4割しか補足されていない**ことを指摘したものです。

実際の捕捉率かどうかは別にしても、**給与所得者が重い負担を強いられている**ということは大きな問題でした。

このような状況が改善されないまま、財政赤字への対応策として所得税率の引き上げが行われると、給与所得者に対する負担だけが重くなってしまいます。

消費税の導入

そこで、1989年に新たに**課税対象を消費全体に広げる消費税**が導入されました。当初の税率は3パーセントでした。

消費税は、景気変動の影響を受けにくく、税収が安定しています。

また、すべての消費者から確実に租税を徴収することができるので、その意味では公平な租税です。しかし、後ほど詳しく述べますが、低所得者ほど負担が大きい**「逆進的」**な性格をもつ点が問題視されています。

消費税率は、1997年の法改正で5％に引き上げられ、2014年の改正で8％に引き上げられました。2019年10月には**ついに10％**になりました。当然、国税に占める間接税の割合は徐々に上昇しています。

2つの公平性

租税負担の公平と逆進性

> 累進課税は垂直的公平を実現し、消費税は水平的公平を実現する

2つの公平さの違い

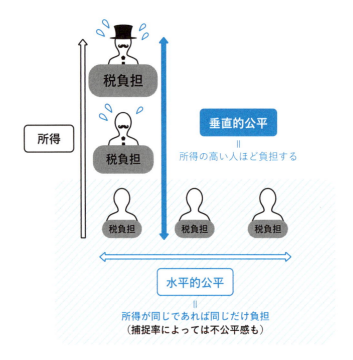

水平的公平と垂直的公平

租税の負担は当然、公平でなければなりません。租税負担の公平には、「**水平的公平**」と「**垂直的公平**」の2つの原則があります。水平的公平の原則とは、**所得額が等しければ同じ額の租税を負担すべきである**ということです。同じ所得の人を横に見た場合の公平さです。

この原則のもとでは、どのような職業であろうと、所得額が同じであれば同じ税額を負担しなければなりません。

したがって、職業によって所得の捕捉率（税務当局が把握している所得の割合）が異なるような場合には、**所得が同じであるにもかかわらず課される税額が異なる**ことになってしまうので、水平的公平の原則に反することになります。

これに対して、垂直的公平の原則とは、**租税の負担能力が高い人ほど多くの租税を負担すべきである**ということです。

所得の高い人と低い人とを縦に見た場合の公平さです。所得税や相続税などで採用されている**累進課税制度（所得が高ければ高いほど税率が上がる）**は、垂直的公平の原則を実現する仕組みです。

消費税の長所と短所

2019年10月に8％から10％にアップした消費税はどうでしょう。消費支出は景気変動の影響を受けにくいので、消費税の税収は安定しています。また、消費税は、**すべての消費者から確実に租税を徴収する**ことができるので、捕捉率の不平等が小さく、水平的公平を実現する税といえます。

しかしながら、消費税は、所得者の少ない人ほど負担が大きいという「**逆進的**」な性格を持つ点が問題視されています。

どういうことかというと、所得が少ない人ほど、**可処分所得に占める消費支出の割合が高くなる**傾向があります。したがって、消費支出に課税すると、可処分所得に対する税の割合が、所得が低くなるほど大きくなってしまうのです。

軽減税率の効果

軽減税率は逆進性の対策になり得るか

> 生活必需品の消費税率を据え置くが
> ややこしいうえ格差是正の効果はない

2019年10月以降の消費税率の適用例

軽減税率 8%

- 生鮮食品
- 加工食品
（食用肉や魚、菓子など）

- 飲料
（ミネラルウォーター、ジュース、みりん風調味料）

- 持ち帰り可能な弁当など
- 出前や宅配

- 定期購読の新聞

標準税率 10%

- 家畜用の牛豚
- 観賞魚
- ペットフード

- 水道水
- 酒類（ビールなど）
- 医薬品
- 医薬部外品

- 飲食店などでの店内飲食や出張料理

- 電子版の新聞
- 店売りの新聞

低所得者対策としての軽減税率

軽減税率とは、**標準税率よりも低く設定された税率**のことです。日本の消費税にあたる「付加価値税」を導入している欧州では、食料品などに軽減税率を設け、消費者の負担を一定の範囲で軽くしています。

日本では、2019年10月に消費税の税率が8％から10％に引き上げられたのに伴って、**外食・酒類を除く飲食料品と新聞**について8％の軽減税率が適用されています。

軽減税率は、低所得者層の負担軽減などの観点から導入されたもので、前項で述べた**消費税の逆進性への対策**といわれています。

百害あって一利なしの軽減税率

しかし、残念ながら軽減税率は、逆進性の対策になり得ません。
なぜなら、軽減税率は**高所得者にも同様の恩恵が与えられる**からです。

例えば、100グラム5000円の神戸牛を1キロ消費する高所得者も、100グラム100円の安い牛肉を1キロ消費する低所得者も平等に2％分の消費税が軽減されます。しかし、軽減される金額は、**高所得者が1000円**なのに対して**低所得者は20円**にしかすぎません。

日本では、所得に占める食費の割合(「エンゲル係数」といいます)は、高所得者と低所得者で大きな差はありません。したがって、軽減税率は、金額面で高所得者に恩恵が大きく、**逆進性を緩和する効果が薄い**と言えます。

さらに、軽減税率に対しては、税率が複雑化することによる事務負担の増大や、減免範囲の設定が困難であるとの指摘もなされており、まさに「**百害あって一利なし**」の政策といえるでしょう。

日本の国債①

「国の借金」国債の仕組みとは

公共事業にあてる建設国債と税収不足を補う赤字国債がある

国が発行する証券＝国債

本券
満期で元金と交換できる

利札
1枚ごとに利子と交換できる

※現在はペーパーレス化

国債発行の手順

ここまで解説してきたような租税を徴収しても、支出の予定に対し不足してしまう場合には、**国債を発行して財源をまかなう必要があり**ます。国債の発行は、いわば**国の借金**です

国債を買う側の金融機関は、**利息を得る**ことを目的として国債を購入します。例えば、「10年物」の国債は、額面5万円の元本部分と利札の部分から構成されています。金融機関は、利札と交換に半年ごとに利息を受け取り、10年後に、額面5万円の元本部分と交換に元本5万円が返済されます。

建設国債と赤字国債

国債は「**建設国債**」と「**赤字国債**」の2つに分類されます。

建設国債は、**公共事業費などの財源にあてる国債**です。

住宅を建てる場合、ほとんどの家計が住宅ローンを組んで支払いをします。同じように、国が道路や港湾などの社会資本を整備する場合、建設国債を発行して資金を調達することが、財政法で認められているのです。

政府は当初、税収の範囲内で支出をするという「均衡財政」を採用していましたが、結局、1966年度から現在まで、建設国債は毎年発行されています。

赤字国債は、**税収などの不足をまかなうための国債**です。

実は財政法は、**赤字国債の発行を禁止**しています。そこで、赤字国債を発行する場合には、財政法の特例法を制定して、**例外的に赤字国債を発行する**という形をとっています。このため、赤字国債は、特例国債とも呼ばれています。

もっとも、特例というわりには、第一次石油ショックが起きた1975年以降、バブル期の中断を挟み、**ほぼ継続的に発行**されています。

日本の国債②

国債の発行には
ルールがある

国債は日本銀行ではなく、市中銀行が引き受ける

市中消化の原則

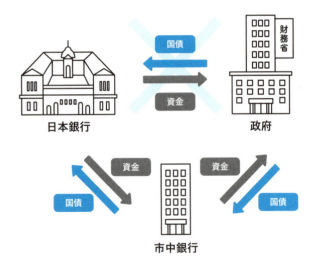

日本銀行が政府から国債を買い入れることは原則できない

無制限に国が借金できるようになるから

市中消化の原則

国債の発行にはルールがあります。国が発行する国債は、**民間の金融機関に引き受けてもらわなければならないことになっています。**

つまり、日本銀行が政府から直接国債を購入するのは原則禁止されています（日本銀行と民間の金融機関の違いについては後述します）。

この原則は、「**市中消化の原則**」と呼ばれます。

市中消化の原則は、日本銀行が無制限に国債を引き受けることを防いで、物価の安定を図ることを目的としています。

日銀が引き受けるとどうなる？

民間の金融機関は、保有する資金に限りがあるので、国債の引き受けにも限界があります。

しかし、管理通貨制度のもとでは、**日本銀行は金の保有量に制限されずに通貨（銀行券）を発行する**ことができます。したがって、日本銀行の国債引き受けを無制限に認めれば、日本銀行は通貨を発行して国債をいくらでも引き受けることができるようになり、**国の借金に歯止めがかからなくなります。**

日本銀行が無制限に国債を引き受けて通貨を発行することになれば、通貨に対する信用が低下して、**インフレーション（物価の上昇）** が進行することになります。

実際に1930年代には、日本銀行の国債引き受けによって調達した資金で財政支出を拡大する政策が採用されました。その後、**拡大する軍事費をまかなうために巨額の国債が発行される**ようになり、日本銀行の国債引き受けに歯止めがきかなくなりました。その結果、激しいインフレーションが発生し、国民生活は大混乱に陥ったのです。

こうした歴史的教訓を踏まえて、財政法は、日本銀行による国債引き受けの原則禁止を定めているわけです。

日本の国債③

ふくれあがる日本の国債残高

▷ 普通国債残高は880兆円、
国と地方の長期債務残高は1105兆円

増加の一途をたどる国債残高

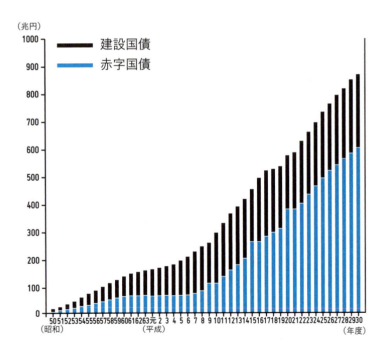

国債残高の推移

前述したように、1966年から建設国債は継続的に発行されており、また、第一次石油危機以降、赤字国債もほぼ継続的に発行されています。2019年３月末の普通国債（将来徴収する税金で返済しなければならない国債）の発行残高は**約880兆円**、国と地方の長期債務残高（さまざまな借入金の残高）は**約1105兆円**にのぼっています。

国債残高の影響

国債残高が巨額になると、どのような問題が生じるのでしょうか？

まず、国債残高が増えると、**毎年の国債の元本と利息の返済額が大きくなります**。その結果、返済を除いた残りしか使うことができなくなり、他の項目に機動的な支出ができなくなるのです。この状況は、「財政の硬直化」と呼ばれます。

次に、国が借金を増やしたぶん、民間企業が資金を借りにくくなってしまうので、**民間の設備投資が抑制されてしまう**ことがあります。
国が行う公共投資は、民間の設備投資に比べて経済成長に対する貢献が小さいので、民間の設備投資が抑制された結果として、**経済成長が阻害される**ことになります。このような状況は、「**クラウディングアウト効果（押しのけ効果）**」と呼ばれます。

また、国債の元本と利息は、主として**将来の世代が支払う税金**で返済されることになります。
建設国債の場合、将来の世代にも道路や港湾などの社会資本が残るので問題は少ないといえます。しかし、赤字国債の場合、将来の世代には**借金の返済という負担だけが残る**ことになります。祖父や祖母の世代の**借金を孫の世代が返済する**ことになるわけですから、世代間の公平が損なわれることになるのです。

PART 6

金融
のキホン

ここまでに登場した
資本主義、市場、企業、財政……
どれも通貨（お金）がなければ成り立ちません。
通貨、そしてそのやりとりの仲介をする金融という
システムについて考えてみましょう。

通貨の成り立ち①

通貨には3つの機能がある

> 価値を測り、交換の媒介となり、貯めておける存在

お金の三機能

1 価値尺度

2 交換手段

3 価値貯蔵

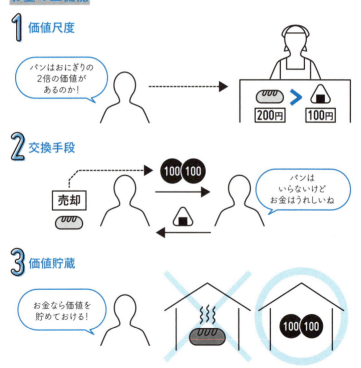

通貨がないとややこしい

通貨とは、「**流通している貨幣**」という意味で、いわゆるお金のことです。通貨は、経済活動を支える血液の役割を果たしています。

通貨がない場合、必要なものを得るためには、物々交換しか手段がありません。しかし、自分が欲しいモノを持っていて、自分の持っているモノと交換してくれる相手を探すことは、骨が折れますよね。

通貨は物々交換の手間を省いてくれる存在なのです。

価値尺度、交換手段、価値貯蔵の３機能

通貨には、次のような３つの便利な機能があります。

まずは「**価値尺度**」。商品の価値を測る機能です。
店頭のパンの価格が200円で、おにぎりの価格が100円であるとしたら、パンの価値はおにぎりの価値の2倍ということが、ひと目でわかります。

次に、最初に述べた「**交換手段**」。商品の交換の仲介をする機能です。
パンを持っている人がおにぎりを欲しいと思ったとき、通貨がない場合には、「**おにぎりをパンと交換しても良いと思っている人**」を探し出さなければなりません。しかし通貨があれば、パンを200円で売って、そのお金でおにぎりを買えば、物々交換の相手を探す手間も時間も省くことができます。

最後に、価値を蓄える「**価値貯蔵**」の機能です。
パンを持っている人は、**いつまでもパンを倉庫に蓄えておくことはできません**。パンは、すぐに固くなり、そのうちカビも生えてきます。
通貨があれば、パンを売って通貨にかえることがでるので、**長期間にわたって価値を蓄える**ことができます。おにぎりを食べたいときには、貯めておいた通貨でおにぎりを買うことができます。

通貨の成り立ち②

金本位制から管理通貨制度へ

> 管理通貨制度では自由に通貨量を増やせるので金融政策ができる

金本位制度

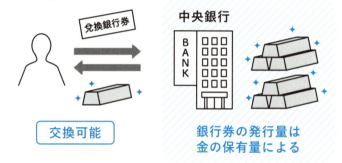

交換可能

銀行券の発行量は金の保有量による

管理通貨制度

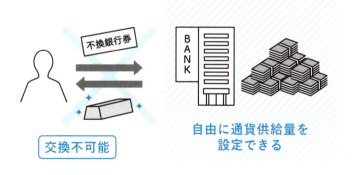

交換不可能

自由に通貨供給量を設定できる

金本位制度

　通貨は、その役割を十分に果たすことができるように、**品質が変化しにくく、少量で価値が高く、分割や加工が簡単で、持ち運びが容易である**といった性質が求められます。

　そこで、以上のような性質を持っている**金、銀、銅などの金属**が通貨として広く使われるようになりました。しかし、金属の通貨は、大きな金額を支払う場合には重く、運ぶのが大変です。そこで、次第に**紙の通貨（お札）**が使われるようになりました。

　金本位制度といって、**金を通貨の価値の基準とする**制度です。

　この制度では、通貨（銀行券）は、金との交換が約束されている「**兌換銀行券**」です。例えば、10円の兌換銀行券には、「この銀行券を持ってくれば10円金貨と交換します」という約束が書いてありました。

　金本位制度のもとでは、銀行券の発行量は中央銀行の金の保有量によって制限されます。したがって、中央銀行は、金の保有量と無関係に**通貨供給量を増やすことはできません。**

　ところが、経済はどんどん成長するのに対して、**金の採掘はそれほど増えません。**やがて、金が足りなくなり金本位制は維持できなくなりました。

管理通貨制度

　現在の日本も採用している「**管理通貨制度**」は、中央銀行が通貨の発行量を管理する制度です。この制度では、通貨（銀行券）は、金との交換が約束されていない「**不換銀行券**」です。

　管理通貨制度のもとでは、銀行券の発行量は中央銀行の金の保有量と無関係に決めることができます。したがって、中央銀行は、経済や金融の状況に応じて**自由に通貨供給量を調節する**ことにより、景気や物価の安定を図る金融政策を行うことができるようになりました。

通貨の成り立ち③

通貨は目に見える お金だけではない

> 現金通貨の他に当座預金や普通預金などの預金通貨がある

通貨の分類

通貨の基本的指標
＝
M1

現金通貨 ＋ **預金通貨**

すぐ使えます！　　　すぐおろせます！

⬇

流動性の点では2つともほぼ同等の機能を持つ

基本的な通貨

通貨は、実際に使うまでにどれぐらい時間や手間がかかるか（**流動性**）などによって、いくつかに分類されています。

通貨の基本的指標である「M_1」は、**現金通貨**と**預金通貨**を合わせたものです。

M_1＝現金通貨＋預金通貨

現金通貨は、すぐに使うことができるという特徴を持っています。現金通貨には、日本銀行が発行する**日本銀行券**（1万円札・5000円札・2000円札・1000円札）と、政府が発行する**硬貨**（500円硬貨・100円硬貨・50円硬貨・10円硬貨・5円硬貨・1円硬貨）があります。

預金通貨

当座預金や普通預金など、いつでも引き出すことができる**要求払預金**も、現金と同様に代金の支払いなどに利用することができるので、預金通貨として通貨に分類されます。

当座預金は、企業が取引に利用する預金であり、いつでも支払いに利用できます。普通預金は、家計がいつでも引き出すことができる預金であり、公共料金の自動引き落としや送金などに利用されます。

両者とも、必要なときにすぐに支払いに利用できることから、**現金通貨とほぼ同じ機能**（＝流動性）を持ち、通貨として扱われます。

預金通貨は、銀行による「**信用創造**」（132ページ参照）を通じて生み出されます。

ちなみに、2019年2月時点で、日本全体の現金通貨は**約101.7兆円**、預金通貨は**約671.8兆円**です。

2つの金融

金融とは
お金を融通すること

> 銀行からの借入は間接金融で、
> 株式や社債の発行は直接金融

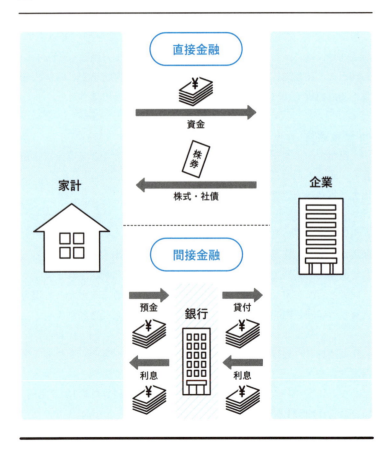

家計が貯蓄し、企業が投資する

では、ここからは本章のテーマである金融についての解説に入っていきましょう。

そもそも「**金融**」とは、資金を、余っているところから不足しているところへやりくりする、つまり**融通する**ことを意味します。

資金が余っているのは貯蓄をしている家計であり、資金が不足しているのは設備投資の資金を必要としている企業です。したがって、金融は、主に**家計から企業へ資金をやりくりする**ことを意味します。

間接金融と直接金融

企業は、将来に備えて内部で資金を積み立てていますが、足りない場合、外部から資金を調達する必要があります。企業が外部から資金を調達する手段としては、「**直接金融**」と「**間接金融**」があります。

直接金融とは、企業が「**株式**」や「**社債**」などを発行して、投資家から資金を**直接調達**する取引のことです。社債とは、株式会社が発行する債券で、毎年一定の利子を支払い、期限が来たら額面の金額を返済します。

間接金融とは、「お金を貸す人」と「お金を借りる人」の間に**第三者が存在する**取引のことです。企業が銀行から融資を受ける取引がこれに当たります。この場合、資金の貸し手は銀行の預金者で、企業は銀行を介して間接的に預金者から資金を借りることになります。

高度経済成長期には、企業は主として銀行を通じた間接金融により資金を調達していました。しかし、間接金融は間に銀行が介在しているために、銀行員の給料や銀行の儲けが上乗せされ、**資金調達コストは直接金融よりも高くなります**。最近では、証券市場の発達に伴って、大企業を中心に直接金融による資金調達が増えています。

金融業の現状①

護送船団方式から脱皮した金融業

> 3方面による規制緩和によって、競争力のある市場を目指すことに

護送船団方式から自由化へ

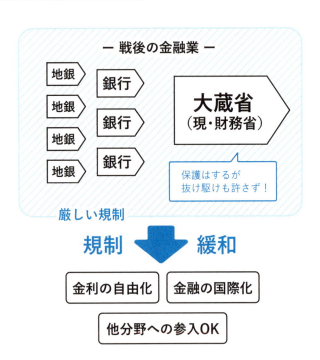

護送船団方式の金融行政

では、我が国の銀行や証券会社といった金融機関を取り巻く制度面での事情は、どのような変遷を経てきたのでしょうか。

第二次世界大戦後の金融業は、大蔵省（現財務省）によって保護される反面、金利や業務分野などについて厳しい規制を受けてきました。船団を護送するとき最も速力の遅い船に合わせて航行する様になぞらえて、こうした行政のあり方は**「護送船団方式」**と呼ばれました。

しかし、1970年代後半から、金融機関の効率的経営と金融サービスの向上を目指し、3つの方面で金融の規制緩和が進められました。

金融の自由化

まず、1970年代に入ると、預金金利（利息の利率）の自由化が徐々に進められました。そして、1993年に定期性預金の金利が、1994年に流動性預金（普通預金などすぐに現金化できる預金）の金利が自由化され、預金金利の自由化が完了しました。

そして、1992年から普通銀行・信託銀行・証券会社の業務枠の規制緩和が進みます。具体的には、子会社を設立することによって**他の金融機関の業務分野に参入**できるようになりました。また、1995年から生命保険と損害保険の相互参入も認められることになりました。

最後に、1990年代の後半には為替（PART 8で詳述します）の自由化も実現し、**金融の国際化**が進められました。1997年の「外国為替法」の制定によって、資本取引を含めた対外取引の自由化と、外国為替業務の自由化が実現しました。

例えば、外国為替取扱銀行などにしか認められていなかった外国為替取引（円と外貨との交換など）が**全面的に自由化**され、小売店などでも自由に為替取引ができるようになったのです。

金融業の現状②

自己資本比率規制と金融機関の貸し渋り

▷ 強い金融を目指して規制を導入するも、不況期の金融収縮リスクが残ることに

バーゼル規制の仕組み

―― 自己資本比率 ――

$$\frac{自己資本}{リスク資産} \geqq 8\%$$

※ 国際業務を行っている銀行の場合

 破綻リスクと金融システムの混乱回避が目的

自己資本比率規制

前項で触れた金融の自由化・国際化に伴って、**国際的な金融システムの強化**と金融機関の**経営体質の強化**が課題となりました。

そこで、先進10か国の中央銀行総裁会議が設立した「バーゼル銀行監督委員会」は、1993年から、貸出などの「**総リスク資産**」に対する株式などの「**自己資本**」の比率に対する規制（**自己資本比率規制**）を設けました。

この規制では、国際業務を行っている銀行は、自己資本比率が8％以上、国内業務だけを行っている銀行でも4％以上はなければならないと決まりました。

自己資本比率が高ければ、貸出先の企業が倒産して不良債権が発生した場合でも、自己資本で穴埋めができるので、**金融機関の破綻のリスクは低下**し、国際的な金融システムの混乱を回避することができるというのが、自己資本比率規制の狙いです。

金融の収縮「貸し渋り」

ただ、1990年代末から、回収不能あるいは回収困難となった不良債権を抱えた金融機関が、自己資本比率を維持しようとして貸出を減らそうとしたことから、「**貸し渋り**」が横行することになりました。

例えば、資産100兆円で自己資本8兆円の銀行は、自己資本比率が8％でバーゼル規制をクリアしています。しかし、不良債権が4兆円発生した場合、その損失を自己資本で穴埋めすると自己資本は4兆円になり、自己資本比率は**4％に低下**してしまいます。自己資本比率を8％に戻すには、分母の資産を50兆円に削減する必要が出てきます。

自己資本比率の規制は金融の安定化を目指したものでしたが、運悪く金融危機の時期に重なってしまったため、金融の収縮を招き**金融危機を増幅**してしまいました。

信用創造①

預金通貨を作り出す銀行の信用創造

> 預金の受入れと貸出しを繰り返し、新たな預金通貨を生み出す

信用創造のメカニズム

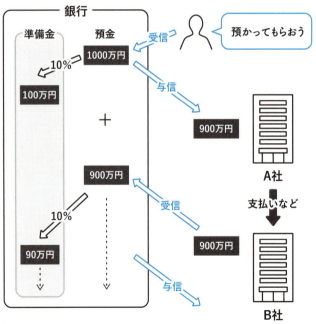

➡ 準備金がなくなるまで繰り返すことで預金が増加

銀行の役割

金融業のひとつである銀行は、企業などの資金の借り手と家計などの資金の貸し手を結ぶ、仲介者の役割を果たしています。

銀行は、家計などから資金を預かり（「**受信業務**」）、預金よりも高い金利で資金を企業などに貸し出す（「**与信業務**」）ことで収益を得ています。

また、銀行は、公共料金の口座振替など、現金をやり取りすることなく資金を決済する方法を提供しています（「**為替業務**」）。

信用創造と預金通貨

銀行は、受信業務と与信業務を行うことによって、預金通貨を生み出しています。銀行は、預金のすべてを貸し出すことはできません。資金が必要になって引き出す人もいるからです。したがって、銀行は、**預金の一定割合を引出しに備えて保有**しなければなりません。この資金を「**支払準備金**」といって、預金に対する支払準備金の割合を「**支払準備率**」といいます。

銀行は、預金のうち**支払準備金を除いた部分を貸し出す**ことができます。貸し出した資金は、支払いなどに使われ、代金を受け取った人は、それを**自己の取引銀行に預金**します。預金を受け取った銀行は、**支払準備金を除いた部分を貸し出す**ことができます。

このように、銀行が預金の受入れと貸出しを繰り返すことによって新たな預金通貨が作り出されていくことを、「**信用創造**」といいます。

信用創造の結果、最初の預金である本源的預金の（1÷支払準備率）倍の預金通貨が作り出されます。預金通貨は、［（本源的預金÷支払準備率）－本源的預金］の分だけ増加することになります。

左図のように本源的預金が1000万円、預金準備率が0.1（10％）のとき、預金通貨の総額は、1000万÷0.1＝**1億円**まで増えることになるのです。**信用創造された額は1億－1000万＝9000万円**になります。

信用創造②

マネタリーベースとマネーストック

> 日本銀行が供給する通貨が、
> 信用創造によってマネーストックへ

通貨はどう流れるか

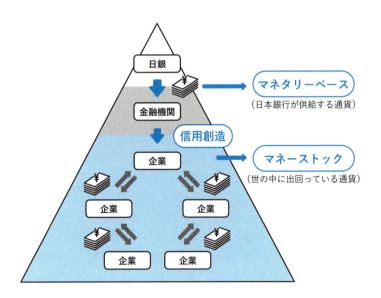

マネタリーベース

信用創造によって、現金預金よりも、ずっと多くの通貨が出回っていることがおわかりいただけたかと思います。

では、その通貨の出どころはどこで、出回る通貨はどこまで増えるのでしょうか？

通貨のもとになるのは、**日本銀行が供給する通貨**です。基本となる通貨という意味で「**マネタリーベース**」と呼ばれます。

マネタリーベースは、「**流通現金**」（市場に出回っている日本銀行券と硬貨）と、「**日本銀行当座預金**」（市中銀行が日本銀行に預けている資金）の合計です。日本銀行当座預金も、市中銀行がすぐに引き出すことができるので、現金と同じように扱われます。

2019年2月末の時点で、日本銀行券発行高は**約107.1兆円**、貨幣（主に硬貨）流通高は**約4.8兆円**、日銀当座預金は**約385.3兆円**です。

マネーストック

マネタリーベースは、**日本銀行から民間金融機関に供給**され、一般企業や個人への貸し出しの原資となります。

この資金が、さきほど解説した信用創造の仕組みを通じて、「**マネーストック**」（世の中に出回っている通貨の総額）を作り出します。

したがって、マネタリーベースが増加すれば、信用創造の仕組みを通じて、マネーストックも増加するという関係になります。

マネーストックは、金融部門から経済全体に供給されている通貨の総量を指し、この統計には、**対象とする通貨の範囲**に応じて、M_1、M_2、M_3、広義流動性の4つの指標があります。

ちなみに、2019年8月時点で、現金通貨と預金通貨の合計（M_1）は**約797.6兆円**ですが、最も広い範囲の指標である広義流動性は、**約1811.5兆円**です。

日銀の特徴

日本銀行は何をするところなのか

> 唯一の発券銀行にして銀行の銀行、そして政府の銀行でもある

日本銀行には主に3つの役割がある

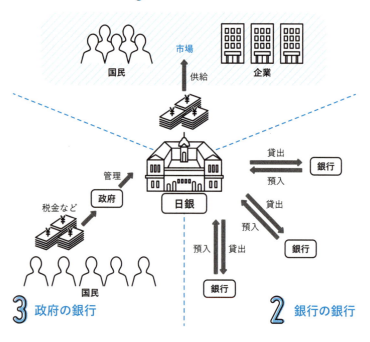

日本銀行の目的と組織

日本銀行は、日本銀行法という特別な法律によって設立された、日本の「**中央銀行**」です。

日本銀行の目的は、「**物価の安定を図る**」ことと、「**金融システムの安定に貢献する**」ことです。

銀行といっても、日本銀行が取引をするのは、**金融機関と政府**だけです。個人が日本銀行に預金することはできませんし、トヨタ自動車や日本製鉄など世界的な大企業であっても、金融以外の事業を営んでいる企業は、日本銀行から資金を借り入れることはできません。

日本銀行の最高意思決定機関である「**政策委員会**」は、総裁、副総裁（2名）、審議委員（6名）の**合計9名**で組織され、「**金融政策決定会合**」と呼ばれる会合で金融政策運営の基本方針を決定します。

日本銀行ができること

日本銀行が一般の市中銀行と違う点は、主に以下の3つです。

第1に、日本銀行は、銀行券（紙のお金＝お札）を独占的に発行することができる、「**唯一の発券銀行**」です。日本銀行以外の市中銀行が、勝手に銀行券を発行することはできません。

第2に、日本銀行は、市中銀行に資金を貸し出したり、市中銀行間の金融取引の決済を行ったりする「**銀行の銀行**」です。つまり、日本銀行は、市中銀行にとっての銀行の役割を果たしているわけです。

第3に、日本銀行は、国庫金（政府が保有するお金）の出し入れなどを行う「**政府の銀行**」です。具体的には、政府の預金口座を管理し、税金や年金の受け払いや国債（国が借金をするために発行する債券）に関する事務を取り扱っています。

各国の中央銀行

外国の中央銀行はどんな組織なのか

▷ アメリカの中央銀行は連邦準備制度、ユーロ圏の中央銀行は欧州中央銀行

FRS（連邦準備制度）

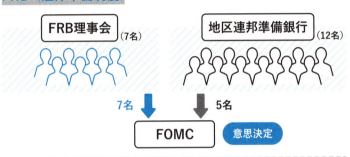

ECB（欧州中央銀行）

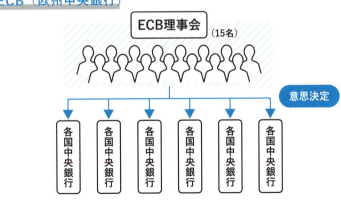

連邦準備制度

では、外国の中央銀行はどのような組織を敷いているのでしょうか。アメリカの中央銀行は、「**連邦準備制度（FRS）**」といいます。

制度というくらいですから、単一の組織ではなく、「**連邦準備制度理事会（FRB）**」と、12の地区にそれぞれ設けられた「**連邦準備銀行**」などから構成されています。合衆国ならではの布陣といえます。

FRSは、「物価の安定」、「最大の雇用」および「穏やかな長期金利」を目標として金融政策を実施しています。

FRSの金融調節の方針は、年8回開催される「**連邦公開市場委員会（FOMC）**」で決定されます。FOMCでは、連邦準備制度理事会の理事7名と、地区連邦準備銀行の総裁のうち5名が議決権を持ちます。

本書執筆時点のFRB議長はジェローム・パウエル氏です。

欧州中央銀行

欧州連合（EU）では、加盟28か国のうち19か国が共通通貨のユーロを導入しています。**すべての加盟国がユーロを導入しているわけではないんですね**（詳しくは206ページを参照）。

ユーロ圏の中央銀行は、欧州中央銀行（ECB）です。ECBは、共通通貨ユーロの発行・管理やユーロ圏の金融政策の決定・遂行などを担っています。

本書執筆時点のECB総裁はクリスティーヌ・ラガルド氏です。

ユーロ圏の金融政策は、**ECBが一元的に意思を決定**して、各国の中央銀行が自国の公開市場操作などを実施することになっています。

例えば、不況期に金融を緩和する場合、ECBが買いオペレーション（次項参照）の時期と規模を決定し、その決定に従って、フランスやドイツなど**ユーロ圏の中央銀行が分担**して各国の国債などを買い入れます。

日銀の金融政策①

日本銀行が行う金融政策の中身

> 不況期には買いオペレーションを行い、金利の形成に影響を及ぼす

買いオペレーションの仕組み

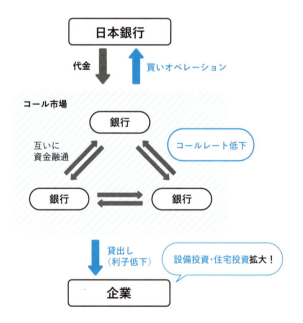

日銀の金融政策

日本銀行の目的のひとつが「物価の安定」だと書きましたが、そのために行うのが、「**金融政策**」です。

金融政策とは、「**公開市場操作（オープン・マーケット・オペレーション）**」などの手段を用いて、金融市場における金利の形成に影響を及ぼし、経済や物価の動向に働きかけることです。

公開市場操作というのは、日本銀行が市中銀行を相手に国債などの有価証券を売買して、**市場の資金量を操作する**政策です。

不況期の金融政策

例えば、不況期の公開市場操作では、市中銀行から国債などを買う「**買いオペレーション**」を実行します。すると日本銀行から市中銀行に、国債などの代金が支払われ、銀行間で短期の資金を融通し合う「コール市場」に、資金が供給されることになります。

その結果、コール市場では資金が借りやすくなるので、「**無担保コール翌日物**」の金利が低下します。「無担保コール翌日物」とは、今日借りて明日返す資金（一晩だけ借りる資金）の金利のことです。

コールレートが下がって銀行同士で資金をやり取りしやすくなると、銀行が一般の企業に貸し出す資金の金利も低下します。

そうなると、企業は金利が安いうちに新しい機械を買ったり、工場を拡張したりしようとするので、**企業の設備投資が拡大**します。また、家計は金利が安いうちに住宅を建てようとするので、家計の**住宅投資が拡大**します。その結果、有効需要が増えて、景気が回復に向かう、というわけです。

日銀の金融政策②

ゼロ金利政策と量的緩和政策

 積極的な買いオペレーションで経済の活性化を図ったが……

日銀の金融政策の推移

年月	内容	
1998年 9月	無担保コールレート(オーバーナイト物)0.25%前後	目標金利を設定 (途中、ゼロ金利政策実施)
1999年 2月	無担保コールレート(オーバーナイト物)をできるだけ低く	
2000年 8月	無担保コールレート(オーバーナイト物)0.25%前後	
2001年 2月	無担保コールレート(オーバーナイト物)0.15%前後	
2001年 3月	日本銀行当座預金残高目標5兆円	目標残高を設定 (量的緩和実施)
2001年 8月	日本銀行当座預金残高目標6兆円	
2001年12月	日本銀行当座預金残高目標10〜15兆円	
2002年10月	日本銀行当座預金残高目標15〜20兆円	
2003年 3月	日本銀行当座預金残高目標17〜22兆円	
2003年 4月	日本銀行当座預金残高目標22〜27兆円	
2003年 5月	日本銀行当座預金残高目標27〜30兆円	
2003年10月	日本銀行当座預金残高目標27〜32兆円	
2004年 1月	日本銀行当座預金残高目標30〜35兆円	
2006年 3月	無担保コールレート(オーバーナイト物)概ねゼロ%	目標金利の設定に戻す
2006年 7月	無担保コールレート(オーバーナイト物)0.25%前後	
2007年 2月	無担保コールレート(オーバーナイト物)0.5%前後	

ゼロ金利政策

　日本では、1990年代末から、**積極的な金融緩和政策**が採用されました。「ゼロ金利政策」と「量的緩和政策」です。
　これらの政策はともに、市中銀行の貸出しを増やし、設備投資などを活発化させようとしたものです。

　バブル崩壊後の長期不況を背景に日本銀行は、無担保コール翌日物の金利の誘導目標を徐々に引き下げ、1999年についに手数料を差し引くと実質ゼロの水準に達しました。これが**ゼロ金利政策**です。

量的緩和政策

　ところが、ゼロ金利政策を採用した後も日本経済はなかなか不況から脱することができませんでした。しかし、金利をゼロ以下に下げる（お金を貸したり預けたりした側が金利を払う）ことは困難です。

　そこで、日本銀行は、2001年に金融政策の誘導目標を**金利から資金の供給量（金融機関が日本銀行に預けている当座預金残高）**へと変更する、**量的緩和政策**に踏み切りました。

　量的緩和政策では、まず、先ほど紹介した、市中銀行から国債などを買い入れる「買いオペレーション」によって、市中銀行が保有する資金を増やします。その結果、**市中銀行が貸し出しを増やして**、経済が活性化されるというのが狙いです。

　その後、2002年から緩やかに景気が回復してきたことから、量的緩和政策とゼロ金利政策は相次いで解除されました。
　ところが、2008年の「リーマンショック」を契機とする世界金融危機に直面して、日本銀行は、量的緩和政策とゼロ金利政策を再び導入することになったのです。

日銀の金融政策③

インフレターゲットは景気低迷の打開策？

> 物価を上昇させて実質金利を下げ、投資を増やす

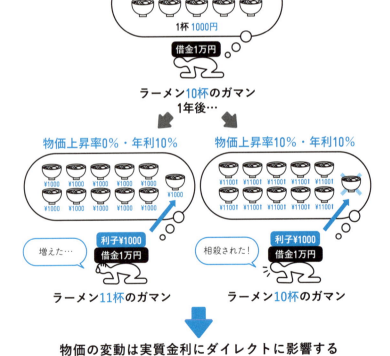

物価の変動は実質金利にダイレクトに影響する

💰 インフレターゲットとは

「リーマンショック」後の景気後退が長期化する中で、その原因として**物価の下落（デフレーション）**を指摘する声が大きくなりました。

そこで、景気低迷の打開策として浮上してきたのが「**インフレターゲット**」です。

これは、物価下落と不況の悪循環（64ページで解説した「デフレスパイラル」）を断ち切るため、**一定の物価上昇率を目標とし、その目標を達成するまで金融を緩和する**というものです。

💰 インフレーションと実質金利

物価上昇は、実質的な金利の負担と密接な関わりがあります。物価上昇率を考慮した実質的な金利は、**名目的な金利から物価上昇率を割り引いた値になる**からです。

実質金利 ≒ 名目金利 － 物価上昇率

例えば、左の図のように、1万円の借金をしている、ラーメンが大好きな人がいるとします。即座に借金を返済するには、1杯1000円のラーメンを**10杯我慢する**ことになります。ここに年10％の利子が付くとすると、1年後に借金を返済するには、利子を上乗せして1万1000円を返済することになり、**ラーメン11杯の我慢を強いられます**。

しかし、その1年間で物価が10％上昇したとすると、どうでしょう。

彼は1杯1100円のラーメンを**10杯我慢すれば、1万1000円を返済できる**ことになり、**実質的な利子の負担はゼロ**になります。

物価が上昇することで、実質金利が下がることがおわかりいただけたかと思いますが、これは逆のケースにも当てはまります。

物価が下落している場合、実質的な金利は重くなるのです。インフレターゲットに注目が集まった理由がここにあります。

日銀の金融政策④

インフレターゲットは成功したのか？

 異次元緩和を行ったものの、資金の需要が追いつかず

消費者物価指数の推移
前年同月比増減率、生鮮食品を除く

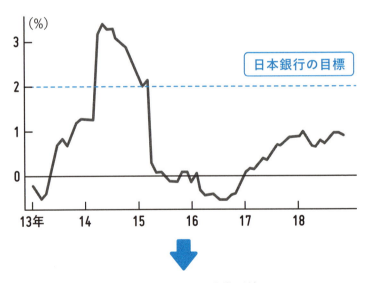

目標の2％を大幅に下回る水準が続いている
2014年に急上昇したのは消費税が5％から8％に
引き上げられたことによる

日本銀行のインフレターゲット

　日本銀行は、2013年4月から「**2％**」の**インフレ目標**を掲げて大規模な金融緩和を始めました。黒田東彦（はるひこ）総裁率いる日本銀行は、「**戦力の逐次投入（断続的に少戦力を送り込むこと）は効果がない**」として、それまでとは次元が異なる量的・質的金融緩和政策、いわゆる「**異次元緩和**」を開始しました。

　まず、「量的」とは、**国債の買い入れ額を大幅に拡大する**ということです。また、「質的」とは、国債以外のETF（**株価指数に連動する投資信託**）やREIT（**不動産を投資対象とする投資信託**）も買い入れの対象に加えるということです。あらゆる手段を使って、通貨の供給量を増やそうというのです。

　その後、2014年11月には、国債などの資産の買い入れ額を年間50兆円程度から**80兆円程度に拡大する**ことを決定しました。

インフレターゲットの評価

　日本銀行の量的・質的金融緩和政策によって、マネタリーベースは、2013年4月の**150兆円**程度から2019年1月の**500兆円**程度へ、3倍を超えるまでにもなりました。

　ところが、左の図の通り、物価上昇率は**目標の2％を大幅に下回る水準**で低迷しており、予定された効果は実現していません。

　物価上昇率が低迷している要因のひとつは、信用創造の機能が低下していることでしょう。政府がさまざまな産業の規制を取り払い、新たな市場を創造する「**規制緩和**」がセットになっていないので、企業の設備投資が伸びず、資金に対する需要も増えないのです。

　需要がなければ、金融機関の貸出も増えません。マネタリーベースばかり増えて、マネーストックの基本的な指標であるM_1は、2013年4月の1100兆円程度から、2019年の1400兆円程度へ、20％程度しか増えておりません。この現状では、成功とは言い難いでしょう。

日銀の金融政策⑤

窮余の一策としてのマイナス金利政策

> 日本銀行の当座預金の一部から手数料を徴収し、市中銀行を追い込む

マイナス金利政策の狙い

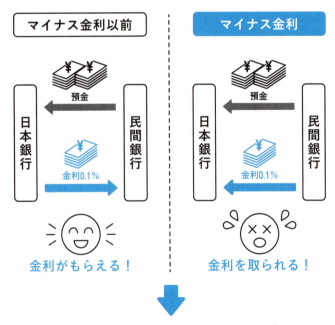

禁じ手？　マイナス金利政策

これまで見てきたように、日本銀行は2013年以降、大規模な緩和政策を継続してきましたが、物価上昇率は２％を下回ったままでした。

そこで、2016年２月から、市中銀行が日本銀行に預けている**「日本銀行当座預金」の一部**について、**手数料を徴収する**ことにしました。預金者である市中銀行に手数料の分だけ負担が生じるので、**「マイナス金利政策」**と呼ばれています。お金を預けるのに、お金を取られるわけです。

マイナス金利になると、市中銀行は手数料を嫌って預金を引き出し、**企業や家計に貸し出します**。その結果、企業は**設備投資を拡大**し、家計は**住宅投資を拡大する**ことになる……というのが日銀の目論見でした。

銀行の収益が悪化

マイナス金利の導入は、市中銀行の貸出増加をもたらすことはありませんでした。マイナス金利の導入によって長期金利がマイナスに陥ったため、**銀行の貸出金利も低下**し、銀行の収益が低下してしまいました。

その結果、銀行が**リスクを恐れて資金の貸出**を渋ったのです。

銀行は、短期の低い金利で預金を受け入れ、長期の高い金利で企業などに融資をしています。預金の金利がほぼゼロでも、長期金利が低下し銀行の貸出金利が低迷すると、銀行の利ざやは縮小するので、銀行の経営は悪化します。

そこで2016年９月に、日本銀行は、新しい枠組みである**「長短金利操作付き量的・質的金融緩和」**を導入しました。これは、長期金利と短期金利を操作し、両者の間に適度な差を実現することによって、銀行の利益を確保しようとする政策です。

金融政策の成果

アベノミクスが射った三本の矢の行方は

> 日本経済の復活を図ったが、肝心の三本目が発射されず

アベノミクス三本の矢

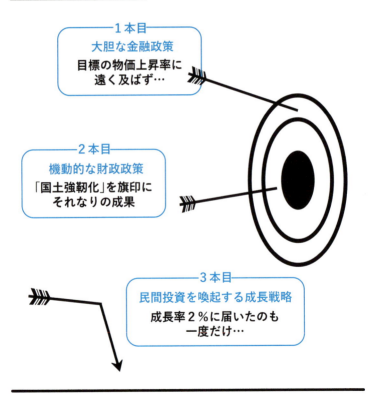

1本目
大胆な金融政策
目標の物価上昇率に遠く及ばず…

2本目
機動的な財政政策
「国土強靭化」を旗印にそれなりの成果

3本目
民間投資を喚起する成長戦略
成長率2％に届いたのも一度だけ…

アベノミクスの三本の矢

ここまで紹介してきた、インフレターゲット以降の金融政策は、2012年に発足した**安倍晋三内閣と二人三脚**で行ってきたものです。

安倍首相は「アベノミクス」と称する経済政策を展開し、その第一弾として打ち出されたのが**「大胆な金融政策」**、**「機動的な財政政策」**、**「民間投資を喚起する成長戦略」で構成される「三本の矢」**です。

アベノミクスは、当初はデフレからの脱却や景気の回復に一定の成果を上げましたが、その効果は一時的なものでした。

それぞれの成果は

ここまで詳しく見てきた「大胆な金融政策」については説明するまでもありません。アベノミクスは7年目に入りましたが、生鮮食品を除いた**消費者物価の上昇率は1％を下回っており**、目標の2％に到達するのはいつかすら、見通せない状況です。

「機動的な財政政策」は、災害に備える「国土強靭化」を旗印に建設国債を発行して、**有効需要の創出にそれなりの効果を発揮しました。**

しかし、これは、消費増税による需要減退リスクを先送りする形で行われてきました。今後は、巨額の債務を抱える財政の再建と、どう折り合いをつけていくかという難問が待っています。

最大の問題は**「民間投資を喚起する成長戦略」**で、ほとんど進んでいません。深刻化している労働力不足を補うためには、生産性の向上が不可欠ですが、アベノミクスのもとで生産性の上昇率は1％程度から0.1～0.2％まで低下しています。

これは、ひとえに各産業に存在する**「岩盤規制」**の緩和や労働市場の改革などが進まなかったことが原因です。

このように、本書執筆時点ではアベノミクス成功とはいえません。今後、冷静に総括し、再検討することが求められてくるでしょう。

PART 7

日本の諸問題のキホン

経済活動といっても
良い面ばかりではありません。
ここでは企業間の格差や農業の問題、公害など
日本経済についてまわる
問題点について解説します。

中小企業

日本経済を支えている中小企業たち

> 大企業とは大きな格差があるが、ニッチ市場で成長する企業に注目

中小企業の定義

業種	中小企業者（下記のいずれかを満たすこと）	
	資本金	従業員数
製造業など	3億円以下	300人以下
卸売業	1億円以下	100人以下
サービス業	5,000万円以下	100人以下
小売業	5,000万円以下	50人以下

経済に占める中小企業の割合

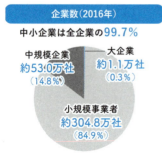

企業数（2016年）
中小企業は全企業の99.7％
- 中規模企業 約53.0万社（14.8％）
- 大企業 約1.1万社（0.3％）
- 小規模事業者 約304.8万社（84.9％）

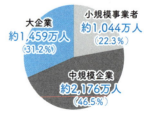

従業員数（2016年）
中小企業の従業者は全体の約70％
- 小規模事業者 約1,044万人（22.3％）
- 大企業 約1,459万人（31.2％）
- 中規模企業 約2,176万人（46.5％）

出典：中小企業白書2019

経済の二重構造

日本を支えているのは有名な大企業ばかりではありません。**中小企業や創業間もないベンチャー企業**の実態について見ておきましょう。

中小企業とは、資本金や従業員数が一定規模以下の小規模な企業で、その範囲については、中小企業基本法で定められています。

中小企業は、日本経済において重要な地位を占めています。例えば、近年の製造業に占める中小企業の割合は、**事業所数で約99％、従業員数で約70％、出荷額で約50％**となっています。

日本経済では、大企業と中小企業、工業と農業のように、経済の中に「近代的部門」と「前近代的部門」が並存し、生産性や賃金などの格差が存在しています。これは、**「経済の二重構造」**と呼ばれます。

大企業と中小企業の間では、資本装備率（労働者ひとりあたりの固定資本の金額）に格差が存在し、その格差によって労働生産性（労働者ひとりあたりの付加価値生産額）の格差が生まれ、その結果、**賃金の格差**がもたらされています。

中小企業の新しい動向

1980年代になると、円高による輸出競争力の低下や、賃金が安いアジア諸国との競争激化のため、**生産費用に占める賃金の割合が高い製品を生産する中小企業は厳しい状況に直面する**ことになりました。

しかし、中小企業の中には、**高度な技術や専門知識**により高成長を実現しているベンチャー企業や、市場は小さいものの一定の需要を見込める「隙間産業」で成功したニッチ企業も存在しています。

こうした状況を背景として、1999年に「中小企業基本法」の改正が行われ、その政策理念が「大企業との格差の是正（中小企業の保護）」から「独立した中小企業の多様で活力ある成長発展（自助努力への支援）」へと変更され、**創業を支援する方針**が打ち出されました。

新興企業

新興企業は誰が支援しているのか

> ベンチャーキャピタルや
> エンジェル投資家が資金の提供者

ベンチャーキャピタルの事業モデル

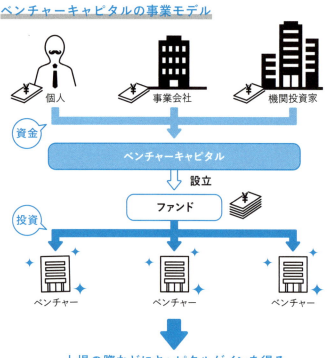

🪙 ベンチャーキャピタルとエンジェル投資家

　独創的な技術やアイデアがあったとしても、それを企業化するためには**研究開発費**などの多額の先行投資が必要です。

　先行投資がふくらみ、長期にわたり利益が出ないこともあります。ネット通販最大手のアマゾンも、創業後かなりの期間にわたって赤字が続いていました。したがって、ベンチャー企業に対する資金提供は、事業が軌道に乗るまで回収することはできません。

　このような高リスクの長期資金を提供するのが、**ベンチャーキャピタル**や**エンジェル投資家**です。

　ベンチャーキャピタルは、ベンチャー企業が発行する株式への投資を通じて資金を提供する機関投資家です。

　また、エンジェル投資家は、ベンチャー企業に資金を提供する個人投資家です。両者とも、**ベンチャー企業が株式を上場した場合の値上がり益**を主な収益源としています。

🪙 新興株式市場

　ベンチャー企業への投資を推進するためには、ベンチャー企業が市場から資金を調達し、投資家が**投資を円滑に回収する手段**を整備する必要があります。

　そうした目的で整備されたのが、「**ジャスダック**」や「**東証マザーズ**」などの新興株式市場です。

　新興株式市場は、通常の株式取引所に比べて、**時価総額や株主数などの上場基準が緩い**ので、創業間もない企業の資金調達を支援する役割を担っています。

　また、業績が赤字でも上場が認められる場合もあり、起業後すぐには黒字化しにくい**医薬**や**バイオ**などの業種にも資金調達の機会を提供しています。

日本農業①

第二次世界大戦後の日本農業の展開

> 問題は経営規模が零細なことで、方針は農家保護から規制緩和へ

先進各国のカロリーベースの食料自給率

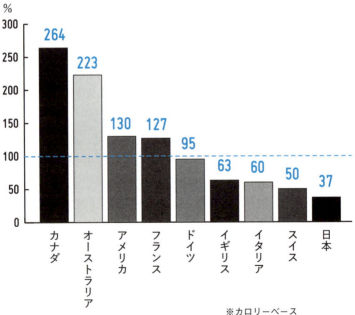

※カロリーベース
日本のデータは平成30年度の、他国は平成25年度の数字

出典：農林水産省HP

戦後農業の出発点

日本経済には、近代的部門と前近代的部門とが併存していると述べましたが、その前近代的部門にあたる農業について見てみましょう。

第二次世界大戦前の日本の農民は、多くが土地を持たない「**小作農**」であり、土地を持つ「**自作農**」は彼らに土地を貸し付け、地主化していました。戦後、GHQ（連合国総司令部）の力を借りる形で、政府が農地を安く強制的に買い上げ、小作農たちに与える「**農地解放**」が行われ、多くの自作農が生まれました。

農業生産も回復し、農家の所得も増大したものの、肝心の経営規模は**零細なまま**でした。

というのも、1952年に制定された「農地法」は、地主制の復活を防止するため、**農地の所有・賃貸・売買などについて厳しい規制**を設けていました。その結果、農地の譲渡や賃借による経営規模の拡大はいっこうに実現しなかったのです。

農業基本法とその失敗

高度経済成長期に入ると、都市で働く人たちの所得は大幅に上昇しました。そこで、1961年に制定された農業基本法では、農業だけで**他産業並みの所得**が維持できる「**自立経営農家**」の育成を目指しました。

その手段として、米のみに頼らず、果樹や畜産など需要の伸びが見込まれる農産物への選択的拡大が推奨されました。また、農業構造改善事業によって、経営の大規模化や機械化が推進されました。

しかし、その後も農業の経営規模は伸び悩み、農業人口の流出や兼業化が止まらず、若い後継者が減って農業の担い手の高齢化が進みました。**現在の農業従事者の平均年齢は、65歳を超えています。**

その結果、日本では国際競争力の弱い麦や大豆などの**自給率が急速に低下**し、日本は世界有数の食料輸入国となっています。

現在の食料自給率は、**供給熱量（カロリーベース）で約40％、穀類で約30％、豆類で約7％**となっています。

日本の農業②

農産物市場開放の圧力で関税化へ

> 世界に大量の工業製品を輸出する日本は抗しきれず

農作物の輸入金額の推移

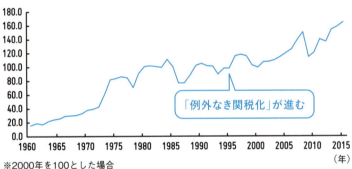

「例外なき関税化」が進む

※2000年を100とした場合
出典：農林水産省HP

代表的な輸入農作物ランキング

	2000年	2010年	2015年
1位	豚肉	豚肉	豚肉
2位	たばこ	たばこ	たばこ
3位	牛肉	とうもろこし	とうもろこし
4位	生鮮・乾燥果実	生鮮・乾燥果実	牛肉
5位	とうもろこし	牛肉	生鮮・乾燥果実

市場開放を求める声

1980年代になると、日本は、海外から**農産物市場の開放**を強く求められるようになりました。

「日本は自由貿易体制のもとで海外に**大量の工業製品を輸出している**のだから、代わりに農産物の輸入を**自由化**して、海外から農産物を輸入しろ」ということです。

ここでいう自由化とは、**輸入数量制限を廃止**して関税（**要は輸入品にかかる税金**）による輸入制限に置き換えることをいいます。関税をゼロにするわけではありません。

輸入数量制限であれば、一定限度までしか輸入することができませんが、関税だと、**関税を払えばいくらでも輸入することができます**。したがって、輸入制限の手段としては、関税の方が輸入数量制限よりも緩やかといえます。

農産物市場の自由化

農産物市場の自由化は、まず、アメリカとの間で実現しました。

1988年に成立した日米間の合意に基づいて、1991年から**牛肉とオレンジの輸入**が自由化されました。

また、「GATT（関税と貿易に関する一般協定）」のウルグアイ・ラウンド（1986〜94年）において、農産物貿易に関し「**例外なき関税化**」が目標とされ、農産物貿易に関する数量制限などは、関税に置き換えられることになりました。

これを受けて、日本は、関税化を先送りする代わりに、1995年から6年間「ミニマム・アクセス（**最低輸入義務量**）」を国内消費量の4％から8％に拡大することで合意しました。

しかし、1999年には**米の関税化**に踏み切り、ミニマム・アクセスの拡大をストップし、これを超える分が関税化されることになったのでした。

日本の農業③

農業政策は法人化の推進に転換へ

> 食糧管理制度が廃止され自由化推進
> 食料自給率の向上を目指す

新農業基本法が目指したもの

	旧農業基本法	新農業基本法
食料事情など	特になし	食料の安定供給 多面的機能に着目
		↕ 相互に関連
農業の振興	農業従事者の生産性・所得の向上と発展	農業の担い手確保 農業構造の改善
		↕ 相互に関連
農村の振興	特になし	農業の基盤としての農村の振興・整備

食糧管理制度の廃止・食糧法の制定

先述の「ウルグアイ・ラウンド」では、農産物貿易の**「例外なき関税化」**を基本とする合意が成立しました。したがって「農産物市場を閉鎖したまま、国内の農業の保護を図る」という従来の政策は維持することが不可能となりました。

そこで、1994年には、食糧管理制度（米や麦などの食糧の価格や供給などを、政府が管理する）が廃止され、**「食糧法（食料需給価格安定法）」**が制定されて、大幅な自由化が図られることになりました。**米の価格形成は市場原理に委ねられ**、政府による買い上げは備蓄米などに限定されました。また、米の卸し業務や小売業務は許可制から登録制に改められ、新規参入が容易となりました。

新農業基本法の制定

次いで、農業を産業として保護するという従来の方針が転換され、**より広い視点**から農業政策が立案されることになりました。

1999年に制定された**「新農業基本法（食料・農業・農村基本法）」**は、食料の安定供給の確保、国土保全など農業の多面的機能の発揮、農業の持続的発展、農村振興という4つの基本理念を掲げ、食料自給率の向上などを目指すものです。

さらに、農産物輸入の自由化を背景に、農業全般について規制緩和が進められました。

農業の経営規模拡大の妨げになっていた「農地法」が改正されて、株式会社形態の**農業生産法人**による農地の所有・賃借が認められ、次いで、一般の株式会社による農地の賃借が認められるようになりました。こうして近年では、**農業経営の法人化**や**大規模化**が推進されているのです。

消費者問題①

消費者問題は
経済成長の負の側面

> 情報の格差が問題の原因。
> 情報がなければ正しい判断はできない

消費者行動の理想と現実

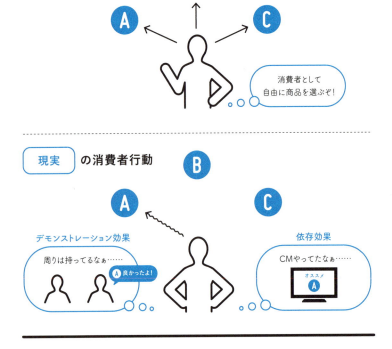

消費者問題の原因

ここからは経済成長、ひいては資本主義の負の側面といえる「**消費者問題**」について見ていきましょう。

経済が成長し、生活が豊かになるに従って、欠陥商品、食品被害、薬害、悪質商法、誇大広告、不当表示などのさまざまな消費者問題が発生するようになりました。

資本主義における建前としては、私たち一般の消費者には「**消費者主権**」が認められ、**消費者は商品を自由に選択する**ことを通じて生産のあり方を決定するとされています。

しかし現実には、消費者は**企業の広告や宣伝に依存**し（「**依存効果**」）、また、周囲の消費水準や消費パターンに影響されて（「**デモンストレーション効果**」）、消費活動を行う傾向にあります。

消費者主権の実現が妨げられている原因は、**製品に関する情報の格差**の存在です。製品に関して生産者は十分な情報を持っていますが、消費者は十分な情報を持っていません。

その結果、消費者は正しい判断ができず、さまざまな消費者問題が発生しているのです。

消費者問題への対応

生産者と消費者の格差を是正するために、アメリカのジョン・F・ケネディ大統領は、「**安全への権利**」、「**情報を与えられる権利**」、「**選択をする権利**」、「**意見を聴かれる権利**」の4つを、消費者の基本的な権利と位置付けました。

この権利の宣言は、**コンシューマリズム（消費者運動）**が台頭するきっかけとなり、世界の消費者保護に大きな影響を与えました。

日本でも、このような動きに合わせて、高度経済成長期以降、消費者団体（主婦連など）や消費生活協同組合（生協）などの活動、あるいは商品テストなどが活発化していきました。

消費者問題②

情報格差を埋める消費者保護行政

> 消費者を守るために作られた2つの法律と3つの組織

消費者行政の仕組み

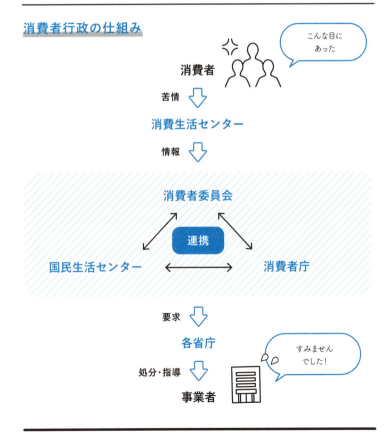

消費者保護の必要性

すでに述べたように、企業と消費者との間には、製品に関する情報や判断能力などについて大きな格差が存在します。その格差を是正するため、国はさまざまな視点から**消費者保護行政**を実施しています。

消費者保護のための法律と機関

①消費者保護基本法と消費者基本法

1968年に制定された「消費者保護基本法」は、国民の消費生活の安全と向上の確保を目的として、消費者利益の擁護や増進に関する基本政策を定めていました。

2004年に上記に代わって制定された「消費者基本法」は、消費者行政の目的を**消費者の保護**から**自立支援**に転換し、規制によって消費者を保護するのではなく、商品に関する情報を消費者に知らせることによって消費者の自主的な選択にゆだねるという政策に転換しました。

②国民生活センターと消費生活センター

1970年に設立された「国民生活センター(中央の組織)」は、「消費生活センター(地方公共団体の組織)」と連携して消費者問題に関する苦情処理や商品テスト、消費者教育などを行っています。

③消費者庁

従来は、農産物に関する消費者問題については農林水産省が、工業製品に関する消費者問題については経済産業省が対応していました。

しかし、これでは**統一のとれた消費者行政**を行うことが困難です。そこで、2009年に、関係する省庁が個別に対応していた消費者行政の一元化を目指して、「消費者庁」が発足しました。

同時に、消費者庁を含めた関係省庁の消費者行政全般を監視する機関として、「消費者委員会」が設置されました。以上をまとめると、左の図のような仕組みで消費者問題に対応しています。

消費者問題③

消費者を保護するさまざまな特別法

> クーリング・オフ制度など、民法の原則を修正させる

クーリング・オフ制度の記入例

通知書

次の契約を解除します。

契約年月日　○年○月○日
商品名　　　○○○○○○○○
契約金額　　○○○○○○円
販売会社　　株式会社×××××
　　　　　　□□営業所
担当者　　　▲▲▲▲▲▲

支払った代金○○○○○○円を返金し、商品を引き取ってください。

○年○月○日
○○県○○市○○町
○丁目○番○号

氏名　○○○○○

消費者保護の追求

企業と消費者には情報や判断能力に大きな格差があります。そのため、**対等の立場にある私人間の関係**を規律する民法を適用することは不適当です。そこで「消費者基本法」以外にも、消費者保護を目的としたさまざまな特別法が制定され、**民法の原則が修正**されています。

代表的な特別法

①クーリング・オフ制度

悪質商法から消費者を守るため、「特定商取引法（旧訪問販売法）」や「割賦販売法」において、**指定商品購入後一定期間内（原則8日、マルチ商法などは20日）**に書面で通知すれば、無償で契約の解除などができるクーリング・オフ制度が認められています。

民法によれば、契約は一方的に解約できませんが、訪問販売や電話勧誘などでは**冷静に考える余地がないまま契約**してしまいがちです。そこで、特定の取引に限り、この制度が設けられているのです。

②製造物責任法（PL法）

1994年に制定された「製造物責任法」は、**製品の欠陥による損害**について無過失責任を定めました。

民法の不法行為責任では、加害者に故意や過失（不注意）がなければ損害賠償責任が認められません。しかし、製造物責任法では、**製造者の故意や過失を立証しなくても**、製品の欠陥による損害賠償責任が認められます。その結果、消費者の保護は拡大することになりました。

③消費者契約法

2000年に制定された「消費者契約法」は、脅迫まがいの勧誘や、都合の悪いことを隠すような詐欺まがいの勧誘に基づく契約の取消し、過大なキャンセル料を要求するなど、**業者側に一方的に有利な契約条項の無効**を主張することを認めています。

公害

生産活動で人が傷つく 公害は「市場の失敗」

> 対策は直接的な規制と
> 社会的費用の内部化

日本の四大公害

外部不経済への対策

最後に究極の消費者問題ともいえる、公害についてです。

公害は、**生産活動などの人為的な原因から、地域住民などが受ける肉体的・精神的・経済的な被害**です。

公害は、ある経済主体（企業）の活動が、市場を経由しないで（迷惑料を支払わないで）、他の経済主体（地域住民）に不利益をもたらしていることから、52ページでも触れた「市場の失敗」の中の「**外部不経済**」にあたります。

したがって、公害に対しては、不利益の原因（有害物質の排出など）を**直接規制**したり、**社会的費用を原因者に負担させたり**することが必要になります。

公害規制の原則

「大気汚染防止法」（1968年）や「水質汚濁防止法」（1970年）は、公害を発生させた者に故意や過失がなくても、**生じた被害に対して賠償責任を負わせる**無過失責任を採用しています。これは、有害物質を排出する企業に対して、高度の責任を負わせるものです。

現在では、濃度規制に加えて、汚染物質の排出が許容される総量を一定地域ごとに規制する**総量規制**が導入されています。

個々の工場から排出される汚染物質は少ない場合でも、工場が密集している地域では、排出される汚染物質の総量が多くなってしまいます。したがって、有害物質の排出については、地域ごとに総排出量を決めて規制を行う必要があるのです。

「公害健康被害補償法」（1973年）では、公害の防止や被害の除去に必要な費用を公害の原因者に負担させる**汚染者負担の原則（PPP）**が採用されています。これは、公害の社会的費用を汚染源の企業に負担させることによって、外部不経済の内部化を図ろうとするものです。

PART 8

国際経済のキホン

ここまでは国内の経済を中心に見てきましたが、
経済活動は国内だけで回っているわけではありません。
輸出産業が強い日本は、なおさらです。
本書のしめくくりとして貿易と為替、
国際経済の情勢について詳しくなりましょう。

貿易の意義

なぜ自由貿易は両国にとって得なのか

> 単純な生産効率ではなく
> 機会費用を比較すると…

リカードの比較生産費説

労働者ひとりあたりの生産効率

	ワイン	毛織物
イギリス	4	2
ポルトガル	3	1

一見、どちらもイギリスで生産した方が良いように見える
しかし機会費用（どちらかを生産したときの犠牲）で見ると…

	ワイン1本	毛織物1本
イギリス	毛織物 1/2	ワイン 2
ポルトガル	毛織物 1/3	ワイン 3

機会費用が小さい品物を生産した方が
お互いにとって効率的なので貿易の意義が生まれる

国際分業の利点

国家間では、**貿易**が活発に行われています。

貿易が行われるのは、各国がすべての商品を自国で生産するよりも、各国が他国よりも**生産費用が安い商品の生産に特化してその商品を輸出し、そうでない商品を輸入した方が利益になる**からです。

この法則は、イギリスの経済学者デヴィット・リカードが発見した「**比較生産費説**」といって、国際分業の利益を説くもので、自由貿易の根拠となっています。

比較生産費説

例えば、労働者ひとりで、イギリスはワイン4樽か毛織物2枚、ポルトガルはワイン3樽か毛織物1枚が生産できる場合を考えます。

この場合、どちらの商品についてもイギリスの方が効率的ですが、**イギリスが両方を生産した方が良いということにはなりません。**

というのも、イギリスでは、ワイン2樽の生産を諦めれば、毛織物1枚が増産できます。したがって、イギリスにおいて毛織物1枚を増産しようとすれば、ワイン2樽が犠牲になります。

この犠牲を「**機会費用**」といいます。対して、ポルトガルでは、ワイン3樽の生産を諦めれば、毛織物1枚が増産できます。したがって、ポルトガルにおける毛織物1枚の機会費用は、ワイン3樽です。

機会費用、すなわち犠牲は小さい方がいいので、毛織物はワインの犠牲が少ないイギリスで生産すべきという結論になります。同様に考えると、ワインは毛織物の犠牲が少ないポルトガルで生産すべきという結論になります。したがって、自由貿易を採用し、**各国が機会費用の小さい商品の生産に特化して輸出し、他の製品を輸入した方が両国の利益になる**というわけです。

国際金融

国際金融によって資金が動くと起こること

> 投資先にメリットをもたらすが、投資元の産業が空洞化の恐れも

大きく分けて2種類の投資方法がある

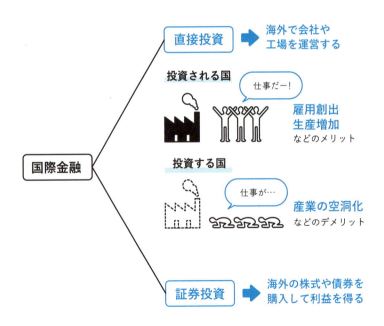

さまざまな資金移動

貿易に伴う代金の支払いとして、資金は財やサービスのように**国と国との間で**移動します。例えば、日本がサウジアラビアから石油を買えば、その代金が日本からサウジアラビアへ移動します。

資金は代金の支払いとしてだけではなく、**有利な投資先**を探して、国境を越えて移動します。
投資は、目的の違いによって、**直接投資**と**証券投資**に大別されます。

直接投資は、海外で会社や工場を経営して収益を得ることを目的とした、海外での**直接的な企業経営を目指す**ための投資です。

一方の証券投資は、**株式や債券の値上がり益（キャピタルゲイン）や利子・配当を得る**ことを目的とした、海外の株式や債券への投資です。

投資の要因と影響

直接投資は、主に企業が安価な労働力を求めて**賃金が安い国（東南アジアや中国など）**に工場を移転するために行われます。また、後述する為替の変動リスクや、貿易摩擦を回避するために**従来の輸出先の国（アメリカ・西欧）**で現地生産を実施するためにも行われます。

直接投資は、投資先の国に**技術移転・雇用創出・生産増加**などのメリットをもたらしますが、現地の同種産業の需要を奪って打撃を与えるというデメリットをもたらすこともあります。

また、投資元の国にとっても、工場が海外に移転して**産業の空洞化**が進み、雇用の減少や地域経済の衰退などの問題が発生するデメリットがあります。

為替相場の仕組み①

外国為替相場は通貨の交換比率

▷ 一定の範囲に収める固定相場制と、制限なく動く変動相場制がある

<u>通貨と通貨を交換する市場＝外国為替市場</u>

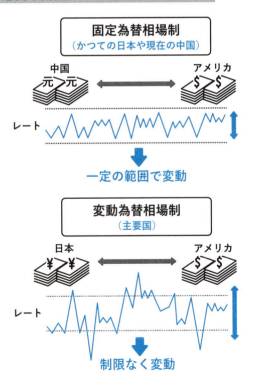

為替相場と外国為替市場

外国と取引する場合、**自国の通貨と外国の通貨を交換する必要があ**ります。

例えば、輸出代金をドルで受け取った場合、**日本国内ではドルを使うことができない**ので、これを円に交換する必要があります。輸出業者は、受け取った円で原材料費や賃金などの支払いを行います。

このような必要に応えてできた**通貨と通貨を交換する市場**が、「**外国為替市場**」です。

そして、自国通貨を外国通貨と交換する場合の交換比率（例えば、1ドル＝100円）のことを、**外国為替相場（外国為替レート）** と呼びます。

固定為替相場制と変動為替相場制

外国為替相場の仕組みには、「**固定為替相場制**」と「**変動為替相場制**」があります。

まず、為替相場自体は、市場で決定されます。
しかし、固定為替相場制では、各国の政府は**為替相場を一定の範囲内に維持する**ことを義務づけられています。1971年まで日本政府は、為替相場の変動を、**1ドル＝360円の為替平価の上下1％以内**に収める義務を負っていました。

対して、変動為替相場制では、為替相場は外国為替市場における通貨に対する**需要と供給**に委ねられています。現在、ドル、ユーロ、円などの主要通貨については、変動為替相場制が採用されています。

為替相場の仕組み②

外国為替相場の需給を左右する要因

> 円の需要が増えれば値上がりし、供給が増えれば値下がりする

いろいろな為替相場の決定要因

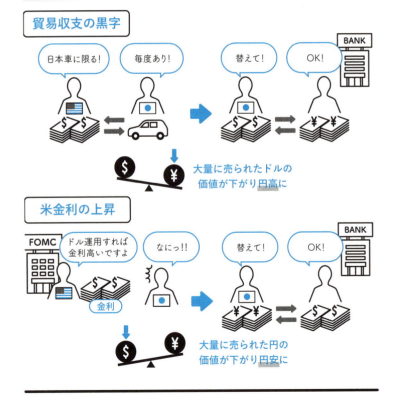

為替相場の決定要因

変動為替相場制のもとでは、円の「**外国為替相場（外貨との交換比率）**」は、外国為替市場における**円に対する需要と供給**によって決定されます。

例えば、円に対する需要が増加すれば、貴重になった円の外国為替相場は上昇します。つまり、外国為替相場は、野菜などの財と同じように、市場における需要と供給によって決定されるのです。

需給が変動するシチュエーション

日本の輸出が拡大している場合には、円の外国為替相場は一般に上昇することになります。なぜでしょうか。

日本国内の企業の輸出が拡大すると、その分だけ**外貨（＝ドル）の受取りが増加**します。ところが、日本国内ではドルのままで原材料や賃金の支払いに充てることはできないので、**企業は受け取ったドルを円に替えようとします。**

その結果、売られたドルは安くなって、買われた円は高くなります。

外国の金利が上昇した場合には、円の外国為替相場は一般に下落することになります。

例えば、日本の国内金利とアメリカの国内金利が同じ2％のときには、**どちらの国で資金を運用しても利回りは同じ**ですから、資金の移動は発生しません。

しかし、アメリカの国内金利が5％に上昇した場合、**日本よりも金利の高いアメリカで資金を運用した方が有利になる**ので、日本からアメリカへの資金の移動が発生します。

その場合、外国為替市場で円を**売って**ドルを**買い**、そのドルをアメリカで運用することになります。その結果、売られて供給量が増えた円は安くなって、買われたドルは高くなります。

為替相場の仕組み③

円高になった場合の貿易に与える影響

> 円高で輸出は減り、輸入が増え、また外国の資産が割安になる

円高の効果

日本製 200円 = 1ドル ➡ 日本製 200円 = 2ドル

日本製品のドル表示価格が上昇
⬇
日本製品の輸出が「減少」

外国製 1ドル = 200円 ➡ 外国製 1ドル = 100円（2ドル = 200円）

外国製品の円表示の価格が低下
⬇
外国製品の輸入が「増加」

円高と輸出・輸入

為替相場が変動して、特に円高になった場合、貿易にどんな影響を与えるのか見ておきましょう。ずばり、円高になると、**貿易収支の黒字が減少するか貿易収支の赤字が拡大**します。

例えば、円高になって200円＝1ドルが200円＝2ドルになった場合、アメリカの居住者にとって、それまで1ドルであった200円の日本製品が2ドルに値上がりしたことになります。その結果、日本製品はアメリカで売れなくなるので、日本の輸出は減少します。

他方、日本の居住者にとっては200円であった1ドルのアメリカ製品が100円に値下がりしたことになるので、日本の輸入が増加します。

したがって、**円高になると、輸出が減少し、輸入が増加する**ので、貿易収支の黒字は減少するか貿易収支の赤字が拡大します。

円高による投資の増減

また円高になった場合、**日本の対外純投資が増加**します。

例えば、円高になって200円＝1ドルが200円＝2ドル（100円＝1ドル）になった場合、日本の居住者にとっては、200万円であった1万ドルのアメリカ資産が100万円に値下がりしたことになります。

その結果、日本の居住者は**割安になったアメリカ資産の買い入れを増やす**ことになります。

他方、アメリカの居住者にとっては1万ドルであった200万円の日本の資産が2万ドルに値上がりしたことになるので、アメリカの居住者は**割高になった日本資産の売却を進める**ことになります。

したがって、円高になると、日本の居住者の対外資産の購入が増加し、外国人の居住者の日本資産の売却が増えます。

為替相場の仕組み④

外国為替市場に対する政府の介入

▷ 急激な変動が経済に影響を与える場合には政府が市場に介入する

円安・円高それぞれの対処

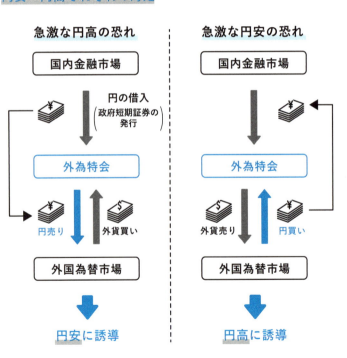

為替介入とは

日本経済は、「**変動相場制度**」へ移行した1973年2月以降、為替相場の大幅な変動を経験してきました。日本政府は、為替の変動がもたらす**実体経済への悪影響を緩和**するために、必要に応じて**外国為替市場への介入**を行っています。

為替介入とは、**通貨当局が為替相場に影響を与えるために、外国為替市場で通貨間の売買**を行うことです。正式名称は「外国為替平衡操作」といいます。為替介入の目的は、為替相場の急激な変動を抑え、その安定化を図ることです。

日本では、**財務大臣が為替介入について決定**します。日本銀行は、特別会計に関する法律および日本銀行法に基づき、財務大臣の代理人として、その指示に基づいて為替介入の実務を遂行しています。

為替介入の仕組み

為替介入は、結局は**通貨間の売買**です。したがって、その遂行のためには円やドルなどの資金が必要になります。

我が国の場合、98ページで触れた財務省所管の特別会計の一種である「**外国為替資金特別会計（外為特会）**」の資金が為替介入に使われます。

例えば、急激な円高に対応して、外国為替市場で円を売ってドルを買う「**円売り・ドル買い介入**」を行う場合には、政府短期証券を発行することによって円資金を調達し、売却してドルを買い入れます。

反対に、急激な円安に対応して、外国為替市場でドルを売って円を買う「**円買い・ドル売り介入**」を行う場合には、外為特会の保有するドル資金を売却して、円を買い入れることになります。

為替変動の要因

為替相場を決める購買力平価説

> 各国の通貨の購買力に注目する説と、物価上昇率に注目する説がある

<u>絶対的購買力平価説</u>

「取引が自由にできるならどこの国でも
モノの値段は同じになる」という考え

100円 ＝ コーラ1本 ＝ 1ドル

1ドル＝100円ということ！

※為替相場は2国の物価水準の変化率に連動するという
「相対的購買力平価説」が現在は主流

他にもある外国為替の変動要因

外国為替相場は、貿易収支や金利差以外にも、経済成長率、物価上昇率、失業率などの経済の「**基礎的条件（ファンダメンタルズ）**」によって影響を受けます。

他の国と比べて、経済成長率が高い、物価上昇率が低い、失業率が低いなど、経済のファンダメンタルズが良好な場合、その国の通貨の**為替相場は上昇**します。

購買力平価説とは？

為替相場の決定あるいは変動の要因を、**貨幣の購買力の変化**、すなわち**物価の変動**によって説明しようとしたものが「**購買力平価説**」です。ややこしいのですが、購買力平価説には、「**絶対的購買力平価説**」と「**相対的購買力平価説**」があります。

絶対的購買力平価説は、**為替レートが２国間の通貨の購買力によって決定される**とする説です。
例えば、アメリカでは１ドルで買えるコーラが、日本では100円で買えるとします。このとき、１ドルと100円では同じものが買える、すなわち、１ドルと100円の購買力は等しいので、為替レートは**１ドル＝100円になる**という考え方です。

他方、相対的購買力平価説は、為替レートは２国間の**物価上昇率の比で決定される**という説です。

例えば、アメリカの物価上昇率が日本より相対的に高い場合、アメリカの通貨価値は日本の通貨価値に対して減価するため、ドルの円に対する為替レートは下落するという考え方です。

変動為替相場制の歴史①

為替の混乱で生まれたブレトンウッズ体制

> ドルを基軸通貨として、
> IMFとIBRDが融資を担当する

ブレトンウッズ体制の仕組み

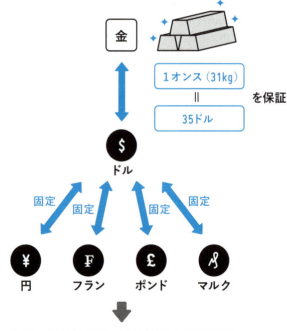

米ドルを基軸通貨とする固定為替相場制

ブレトンウッズ体制の成立

1930年代の世界不況の時期に、各国は輸出の拡大によって不景気から脱出しようと試み、**為替の切下げ競争**に走りました（為替が貿易収支に与える影響については182ページで解説したとおりです）。

その結果、為替相場が大混乱に陥って世界貿易は縮小し、**かえって不況が長引く**ことになってしまいました。

このような歴史を反省して、1944年に為替相場の安定を目的とした「ブレトンウッズ協定」が締結され、「国際通貨基金（IMF）」と「国際復興開発銀行（世界銀行・IBRD）」が設立されました。

ブレトンウッズ体制では、「**金1オンス（約31g）＝35米ドル**」で金との交換が保証された米ドルが、基軸通貨とされました。

そして、自国通貨と米ドルとの交換比率（外国為替相場）の変動幅を、「為替平価（自国通貨の価値を米ドルで表した交換比率）」の**上下1％以内に維持する**ことを加盟国に義務づける**「固定為替相場制」**が採用されました。

2つの機関の役割

IMFは、為替相場の安定のため、国際収支が一時的に不均衡に陥った加盟国に対し、**短期資金の融資を行う**という役割を担っていました。

一方、IBRDは、戦後の経済復興と開発途上国の経済開発のため、**長期資金の融資を行う**という役割を担っていました。

その後、1956年に開発途上国の民間企業に対する融資を行う**「国際金融公社（IFC）」**が設立され、さらに、1960年には貧しい開発途上国に対する低利の融資を行う**「国際開発協会（IDA）」**も設立されました。

変動為替相場制の歴史②

ニクソン・ショックと固定相場制崩壊

ドル流出で固定相場制が動揺、主要国の判断で変動相場制へ

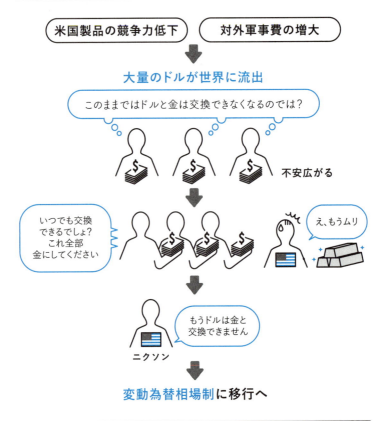

ブレトンウッズ体制の動揺

米ドルを基軸通貨とする「固定為替相場制」は、当初、為替相場の安定に貢献しました。

しかし、1950年代後半以降、日本や西ドイツの復興による**米国製品の競争力低下**、多国籍企業による**資本輸出**、**ベトナム戦争**に伴う対外軍事支出や対外援助の増大などによって、世界中に多額のドルが流失したため、金との交換についての信認が低下しました。

その結果、ドルを金に替える動きが強まり、**アメリカから大量の金が流出する**ようになりました。

ニクソン・ショックから変動相場制へ

以上のような危機的状況に際し、アメリカのリチャード・ニクソン大統領は、1971年8月にドル防衛策として、**金とドルとの交換の一時停止**を宣言しました。

その結果、外国為替市場は、大混乱に陥ってしまいました。

そこで、混乱を収拾するため、1971年12月に西側先進国10か国の蔵相（財務相）による会議が開催され、固定為替相場制への復帰に関する「**スミソニアン協定**」が成立しました。

この合意では、ドルは、金価格に対して切り下げられ（**金1オンス＝35ドルから金1オンス＝38ドル**へ変更された）、円は、ドルに対して切り上げられて、為替平価は**1ドル＝360円から1ドル＝308円**へ変更されました。

しかし、**金との交換が約束されていない米ドル**の価値を維持することは困難でした。やがて、1973年2月に入ると主要国は相次いで為替相場の維持をしなくなり、「変動為替相場制」に移行していきました。

最終的には、1976年にジャマイカのキングストンで開催されたIMFの暫定委員会で、「**変動為替相場制**」が正式に**承認された**のでした（「キングストン合意」）。

変動為替相場性の歴史③

変動為替相場制下の2つの合意

プラザ合意はドル高の是正が、ルーブル合意はドル相場の安定が目的

2つの合意後のドル円相場の推移

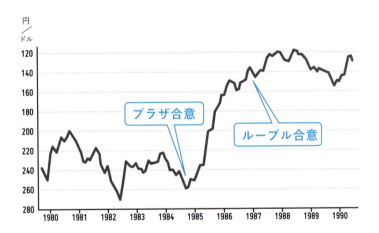

プラザ合意

アメリカの巨額の貿易赤字を削減するための取り決め。
日本にとっては急激な円高の呼び水となった。

ルーブル合意

プラザ合意のドル安が行き過ぎた懸念から、G7で合意した取り決め。
しかしドル安は止まらなかった。

💴 プラザ合意

「変動為替相場制」への移行後も、外国為替相場の水準の調整や安定化を目指して、たびたび国際的な協議が行われました。

1980年代のアメリカでは、ロナルド・レーガン政権の経済政策によって、巨額の貿易赤字が発生していました。このような**貿易不均衡**を放置しておくことは、世界経済のリスク要因でした。

そこで、1985年9月にニューヨークのプラザホテルにおける先進5か国（G5：アメリカ・日本・西ドイツ・フランス・イギリス）の財務相・中央銀行総裁会議において、アメリカの貿易赤字を削減するためにドル高是正を目指す合意が成立しました。この合意は、会議が行われた場所にちなんで「プラザ合意」と呼ばれます。

この合意に基づいて、G5によるドル売りの協調介入が実施され、**急激なドル安**がもたらされました。プラザ合意以降、**1ドル＝240円台**であったドル相場はほぼ一本調子で下落し、1987年2月には**150円台**に到達しました。

💴 ルーブル合意

しかし、行き過ぎたドル安によって**アメリカの物価が上昇する**など、過度のドル安に対する懸念が台頭してきました。

そこで、1987年2月にパリのルーブル宮殿におけるG7（G5＋イタリア・カナダ）の会議において、為替レート安定のための合意が成立しました。この合意も、会議が行われた場所にちなんで「**ルーブル合意**」と呼ばれます。

しかし、1987年10月のニューヨーク発の世界的株価大暴落「**ブラックマンデー**」以降、米国がドル安の容認姿勢に転じたため、ドルは再び下落しています。

変動為替相場性の歴史④

変動為替相場制下の2つの危機

アジア通貨危機はタイ発、リーマンショックはアメリカ発

代表的な経済危機と円ドル相場

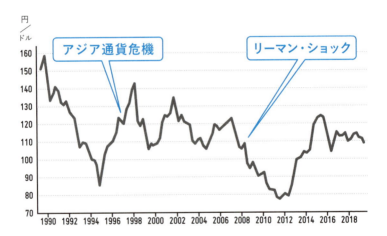

アジア通貨危機

タイ・バーツの暴落が東南アジアを中心に連鎖的な経済危機を巻き起こした。日本は経済支援で中心的な役割を担う。

リーマン・ショック

直接的な影響は被らなかったものの、米ドルの暴落によって輸出企業が多大な打撃を受け、景気後退につながっていった。

アジア通貨危機とその影響

外国為替相場では、新興国を中心にたびたび混乱が発生しました。中でも大きかったのが、1997年に発生した「**アジア通貨危機**」です。

タイの通貨・バーツの暴落をきっかけとして、インドネシア、韓国、マレーシアなどのアジア諸国に経済的な混乱が広がりました。

この事態に対して、日本やIMFは、**一時的な資金支援**を行うとともに、国内の経済改革の実行を条件として、**長期的な経済支援**を行いました。その後も、1998年にロシアで、1999年にブラジルで、2001年にアルゼンチンなどで、連鎖的に通貨危機が発生しています。

リーマン・ショック

もうひとつ挙げるとすれば、記憶に新しい「**リーマン・ショック**」です。

2007年頃から、アメリカでは「**サブプライムローン（低所得者向け住宅ローン）**」の貸し倒れが急増し、このローンを組み入れた金融商品を保有していたアメリカやヨーロッパの金融機関に巨額の損失が発生しました。

その影響で、2008年9月には、アメリカの大手証券会社の**リーマン・ブラザーズが巨額の負債（日本円で約64兆円）を抱えて破綻し**、世界的な金融危機が発生し、外国為替相場も大混乱に陥りました。

この金融危機を契機として、2008年11月にアメリカのワシントンにおいてG20（金融・世界経済に関する首脳会議）が開催され、**先進国と新興国が協調して金融危機に対応する姿勢**を示しました。

G20は、G7（アメリカ・日本・ドイツ・イギリス・フランス・イタリア・カナダ）にオーストラリアを加えた先進国と、ブラジル・ロシア・インド・中国・南アフリカ・メキシコ・韓国・インドネシア・サウジアラビア・トルコ・アルゼンチンなどの11の新興国、欧州連合（EU）で構成されています。

GATTからWTOへ①

ブロック経済の反省で生まれたGATT

▷ 自由貿易の推進が目的で、基本理念は「自由・無差別・多角」

GATTの成り立ち

1930年代の世界…

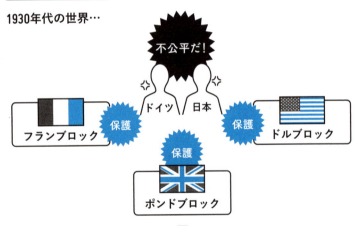

ブロック経済が 世界大戦の要因に…

1947年 GATT（関税と貿易に関する一般協定）が成立

- 「自由・無差別・多角」
- 最恵国待遇
- 内国民待遇

が原則
※例外もあり

GATTの成立

今でこそほとんどの先進各国は「**自由貿易**」へ足並みを揃えていますが、そこに至るには紆余曲折の歴史がありました。

1930年代の世界同時不況の折、イギリス、フランス、アメリカなどの諸国は「ブロック経済化」を進め、排他的な保護関税を設けて、**外部からの輸入を制限**しました。そうしたことが一因となって、国際対立が深まり、第二次世界大戦につながったといわれています。

このような歴史を踏まえて、1947年にアメリカ他23か国で、自由貿易の推進を目的とした「**関税と貿易に関する一般協定（GATT）**」が締結されました。

GATTの原則

GATTは、「**自由・無差別・多角**」を掲げ、貿易制限の縮小や関税引下げなどを進めてきました。この「無差別」を実現するための原則が、「**最恵国待遇**」や「**内国民待遇**」です。

最恵国待遇とは、**いずれかの国に与える最も有利な待遇を他のすべての加盟国に対して与えなければならない**、という原則です。この原則のもとで、加盟国に対する平等待遇が実現されることになります。

また、内国民待遇とは、**関税を除いて、輸入品を同種の国内産品と同等に待遇する**、という原則です。この原則によって、国内製品と輸入品の平等が実現することになります。

ただし、GATTは、自由貿易の例外措置として、「**一般特恵関税**」や「**セーフガード（緊急輸入制限）**」を認めています。

一般特恵関税とは、**先進国が開発途上国からの輸入品に対して一般の税率よりも低い税率で課す関税**です。主に先進国が開発途上国に対して実施する優遇措置です。

また、セーフガードとは、**特定品の輸入が急増して国内の生産者に重大な損害を与えるおそれがある場合に発動される、関税引上げなど**の措置のことです。

GATTからWTOへ②

多角的な貿易交渉を行うラウンド

> GATT加盟国の間で行われる、自由貿易推進のための話し合い

自由貿易推進の道のり

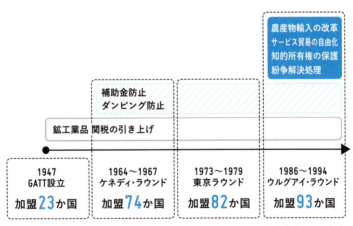

※外務省作成の図を参考

多角的貿易交渉

　GATTの加盟国による多角的な貿易交渉のことを「ラウンド」といいます。ラウンドは、合計8回行われました。このうち、自由貿易の推進に関する合意が大幅に進展したのは以下の3つのラウンドです。

①ケネディ・ラウンド

　1964年から67年にかけて開催された「ケネディ・ラウンド」では、**鉱工業品の関税一括引下げ（平均35％）に関する合意**が成立しました。

②東京ラウンド

　1973年から79年にかけて開催された東京ラウンドでは、鉱工業品の関税の引下げに加えて、「**非関税障壁（関税以外の貿易障壁）」の軽減や撤廃**などについても一定の合意が成立しました。非関税障壁の具体的な内容としては、補助金やダンピングの防止などについて協定が成立しました。

③ウルグアイ・ラウンド

　1986年から94年にかけて開催された「ウルグアイ・ラウンド」では、旅行、金融、情報通信など、物品の取引を伴わない**サービス貿易の国際的な取引の自由化**、特許権、商標権、著作権などの**知的財産権（知的所有権）の保護**、すべての農産物輸入について関税化に移行（「**例外なき関税化**」）、などについて一定の合意が成立しました。

　また、「**世界貿易機関（WTO）**」を設立することにも合意しました。
　1995年、その合意に基づいて、GATTに代わる常設の機関としてWTO（世界貿易機関）が発足したのです。

GATTからWTOへ③

機能が強化された常設機関WTO

> GATTに代わる常設の組織であり、紛争解決機能が強化された

GATTの紛争処理の手続き

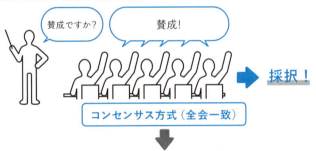

当事国の抵抗などで実効性が不十分

WTOの紛争処理手続き

実効性が高まり解決手続きの利用機会が増加

WTOの成立

WTOは、GATTの「ウルグアイ・ラウンド」を引き継いで、モノの貿易だけでなく、サービス貿易や知的財産権などの広範な分野における**国際的ルールの確立**、**農業分野における自由化の促進**などに取り組んでいる機関です。本部はスイスのジュネーブにあります。

紛争処理手続の強化

GATTでは、「パネル（紛争を審理する小委員会）」の設置や、パネル報告の採決（小委員会が下す判決の確定）が、**GATT理事会におけるコンセンサス（全会一致）**により行われていたため、訴えられた国の抵抗でパネルの設置が遅れたり、敗訴国がパネル報告の採択をブロックしたりするなど、**手続の実効性が確保されていませんでした**。

また、そのような制度上の問題を背景に、政治的に大きな力を持つ国が、GATTの枠組みの外で**一方的な制裁措置の発動を圧力として、通商紛争の解決を図ろうとする動き**（米国による「通商法301条」が代表的なケース）も問題となっていました。

そこで、WTOでは、パネル設置や報告の採択について、**「逆コンセンサス方式」**（全会一致で反対されなければ了承）が採用され、各種決定手続が自動化されました。

また、十分な審理の機会を確保するため、パネル報告に不服がある場合、上級審的な役割を持つ**上級委員会に上訴できる**こととなりました。

さらに、「WTO協定に違反する措置による利益の侵害を回復するためには、紛争解決手続を利用しなければならない」と定め、同手続を経ない**一方的な制裁措置の発動を禁止**しました。

このような改善により手続の実効性が高められ、WTO加盟国による紛争解決手続の利用機会は、飛躍的に増加したのでした。

EUの歴史①

欧州共同体ECは壮大な実験

 出発点はフランスとドイツの協調で、ヨーロッパの共同市場が実現した

ECの誕生

火種になってきた仏独を巻き込む経済協力関係が模索される

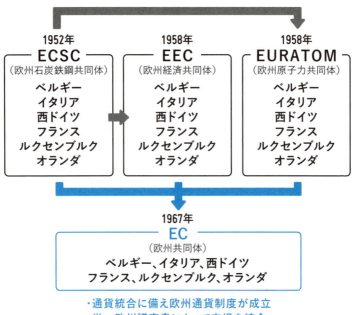

欧州共同体（EC）の発展

ここからは、第二次世界大戦後のヨーロッパで見られた、**多国間で巨大な経済圏を作る試み**と、その行方について解説します。

世界大戦が終わると、それまでの歴史で見られた**フランスとドイツの対立関係**を解消するため、経済的な協力関係を進める提案がなされました。そして、1952年にフランス・西ドイツ・イタリア・ベルギー・オランダ・ルクセンブルクの6か国によって、石炭と鉄鋼の単一市場を形成する「**欧州石炭鉄鋼共同体（ECSC）**」が設立されました。

その後、これらの6か国が調印したローマ条約に基づいて、1958年に共同市場の形成を目指す「**欧州経済共同体（EEC）**」と、原子力産業の共同開発を目指す「**欧州原子力共同体（EURATOM）**」が発足しました。

そして、1967年にECSC・EEC・EURATOMの3つの組織が統合して、「**欧州共同体（EC）**」が発足したのです。

欧州共同体（EC）の発展

ECは**市場統合**を目指して、経済統合を深化させていきました。まず、1968年に**関税同盟**が成立し、域内における非関税障壁や関税の撤廃や、域外からの輸入品に対する共通関税の設定などが行われることになりました。

また、1979年には将来の**通貨統合**に備えて、「**欧州通貨制度（EMS）**」が成立し、域内の通貨については、先ほど解説した「固定為替相場制」が、また、米ドルや円など域外の通貨に対しては「変動為替相場制」が採用されました。

さらに、1987年に発効した「単一欧州議定書」によって、1993年1月に**域内の市場統合が完成**し、商品（モノやサービス）や資本だけでなく、**労働力の域内移動も自由化**されることになりました。

その結果、ECの加盟国の国民は、**加盟国のどこに移動して働いてもいい**ことになったのです。

EUの歴史②

経済から政治統合を実現した欧州連合EU

> 加盟国数は拡大し続けるものの、
> 大国イギリスが離脱の危機を迎える

EU加盟国と加盟年

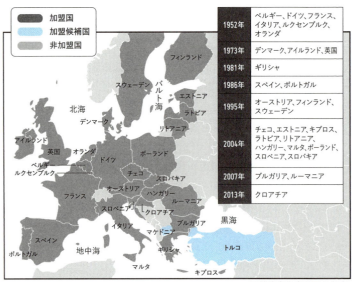

※外務省作成の図を参考

リスボン条約（2009年）により政治統合が深化

- 欧州理事会常任議長の創設
- 立法における欧州議会の権限強化
- 法体系の簡素化
- テロ、環境対策

欧州連合の成立

経済統合が順調に進んだECは、さらに政治統合へと歩みを進め、1993年11月に発効した「**マーストリヒト条約（欧州連合条約）**」に基づいて、「**欧州連合（EU）**」が発足しました。EUは、**通貨統合**の実現や**共通外交・安全保障政策**の採用を目指すことになりました。

EUの基本条約は、何度か改正され、徐々に政治統合が進められていきました。

2009年に発効した「**リスボン条約**」では、**共通の外交安全保障政策**を確立し、**欧州理事会常任議長（EU大統領）**や、**外務・安全保障上級代表（EU外相）**などの職を新設するなど、政治統合をより推進するものとなりました。

拡大する加盟国とイギリスの離脱

EUの加盟国は**年々拡大を続け**、1995年にスウェーデン、フィンランド、オーストリアが、2004年に東欧などの10か国（エストニア、ラトビア、リトアニア、ポーランド、チェコ、ハンガリー、スロバキア、スロベニア、マルタ、キプロス）が、2007年にルーマニアとブルガリアが、2013年にクロアチアが加わり、**28か国**にまでなりました。

ところが、2016年6月、EU内の大国であるイギリスで、**EU離脱（ブレグジット）**論が高まります。これを受けて実施された、残留の是非をめぐる国民投票の結果、**離脱支持が過半数**を占めてしまいました。

それを受けて、同国のテリーザ・メイ政権は2017年3月、EUに対して正式に**離脱意思**を通告しました。イギリスはEUとの離脱交渉を経て、2019年3月に離脱する見込みでしたが、10月に延期されています。イギリスがEUから離脱する選択をした理由については、別項で取り上げたいと思います。

EUの歴史③

夢の共通通貨、ユーロの歩み

> EUは通貨を統合したが、
> 導入していないEU諸国もある

EUのユーロ圏、非ユーロ圏

――― ユーロ圏 ―――

ドイツ、フランス、イタリア、オランダ、ベルギー、ルクセンブルク、アイルランド、ギリシャ、スペイン、ポルトガル、オーストリア、フィンランド、マルタ、スロベニア、キプロス、スロバキア、エストニア

――― 非ユーロ圏 ―――

イギリス、スウェーデン、デンマーク、ポーランド、チェコ、ルーマニア、ハンガリー、ブルガリア、リトアニア、ラトビア

共通通貨の歩み

ECによる市場統合の完成後、さらに経済統合を深化するためには、**共通通貨の導入**と**共通の金融政策**を運営する中央銀行の設立が求められました。

共通通貨の狙いは、**加盟国間の決済を一国内の決済と同じにすること**です。それが実現すれば、**為替変動のリスクや為替の手数料が消滅**して取引のコストが軽減され、加盟国間の経済取引がいっそう促進されます。

ただし、加盟国の経済的な条件に大きな格差があると、通貨統合に無理が生じます。そのため、EUの基本条約は、**共通通貨に参加するための基準**を設定し、「物価上昇率」、「長期金利水準」、「財政赤字」、「公的債務残高」、「為替相場の安定度」のそれぞれについて、限度を設けています。

共通通貨の歴史

早くも1979年には、将来の通貨統合に備えて、「**欧州通貨制度（EMS）**」が成立し、域内の通貨については「固定為替相場制」が、米ドルや円など域外の通貨に対しては、「変動為替相場制」が採用されました（「共同フロート制」）。

1998年には、ユーロ参加国の中央銀行にあたる**欧州中央銀行（ECB）**が創設され、1999年には参加国間でユーロによる銀行取引など非現金取引が開始されました。

そして、2002年2月末までに**参加国通貨の紙幣・硬貨をユーロに切り替える作業が終了**し、一般の人々も普段の買い物などの際にユーロを使用するようになりました。

本書執筆時点で、EU加盟28か国のうちユーロを導入している国は19か国です。加盟国のうちイギリス、スウェーデン、デンマークや東欧の加盟国の一部は**本書執筆時点でも通貨統合に参加していません。**

ブレグジット

規制に反発した
イギリスのEU離脱

> 移民の受け入れなどに不満を抱き、
> 離脱派が国民投票で予想外の勝利

ブレグジットで何が起こるのか？

英国経済への悪影響

特に合意なき離脱の場合、
マイナス成長に陥る可能性も

貿易への悪影響

貿易障壁が高くなり、
英国、EUの双方が
打撃を受ける

ポンドの下落

すでに下落基調だが、
合意なき離脱の場合
その幅がさらに拡がる恐れ

EUとイギリスの歴史

「ブレグジット」とは、イギリスの「欧州連合（EU）」からの離脱を意味する造語で、英語でイギリスを意味する「Britain」と、離脱を意味する「exit」を組み合わせたものです。

まずはEUとイギリスの歴史を振り返ってみましょう。

EUの前身である「EC（欧州共同体）」が成立したのは1967年ですが、イギリスがECに参加したのは1973年です。

イギリスは、人、モノ、サービス、資金が国境を越えて自由に移動できる**単一市場の実現には積極的**でした。しかし、単一通貨ユーロや域内国境管理を撤廃した「シェンゲン協定」には参加しておらず、**欧州統合の推進には消極的**でした。

誤算だった国民投票

その後、東欧諸国のEU加盟が進むと、**東欧諸国からの移民が急増**したため、イギリス国民の職が奪われ、**医療や教育などの費用が増加**するとの懸念が広がっていきました。

こうした状況下で、**EUからの離脱を唱えるイギリス独立党**が支持を拡大し、二大政党のひとつで与党の保守党の中にもEUからの離脱を唱える勢力が台頭しました。そこで、当時のデーヴィッド・キャメロン首相は、**党内のEU離脱派を抑えるために**、EUからの離脱の可否を問う国民投票を行うことを決めました。

こうして2016年6月に行われた投票の結果は予想外のものでした。**離脱支持が51.9%を占め**、それを受けて、イギリスのテリーザ・メイ政権は2017年3月、EUに対して**正式に離脱意思を通告**しました。

イギリスはEUとの離脱交渉を経て2019年3月にEUから離脱する見込みでしたが、離脱条件についての合意が成立せず、本書執筆時点でも**離脱は延期**されています。

新たな先進国

世界経済を牽引する NIESやBRICS

> 独立後の混乱を乗り切り、経済成長を実現した新しい国々

成長を遂げた新興国

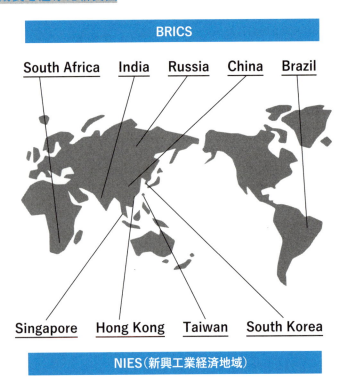

南北問題とは

第二次世界大戦後、アジアやアフリカでは、欧米諸国の植民地の多くが**政治的独立を達成**したものの、多くの国は、経済的に自立することが困難でした。そのため、先進国と開発途上国との間には、**経済的な格差**が広がりました。

南に位置する開発途上国と北に位置する先進国との間の経済格差がもたらす諸問題は、南北問題と呼ばれます。

しかし、その後、時を経て開発途上国の中にも、工業化に成功して**高度経済成長を実現した国**が現れました。

例えば、韓国、台湾、シンガポール、香港など、アジアの**新興工業経済地域（NIES）**は、輸出に依存する工業化を進め、先進国の仲間入りをしています。

ラテンアメリカ諸国の動向

1980年代に入ると、多額の資金を先進国の銀行や国際金融機関から借り入れていたメキシコやブラジルを中心に、**累積債務問題が深刻化**し、多くの国々が**債務不履行（デフォルト）**の危機に陥りました。

その後、これらの国々は、**債務返済繰り延べ（リスケジューリング）**や債務の軽減などの措置を受けつつ、経済構造改革を進めて、危機を克服することに成功しました。

1990年代に入ると、ブラジルは、**広大な国土・豊富な天然資源・豊富な労働力**などを背景に、外資の積極的な導入などによって高い経済成長を実現しています。

ブラジル、ロシア、インド、中国、南アフリカなどの新興国はその頭文字をとって「BRICS」と呼ばれ、世界経済の新たな担い手として期待されています。

おわりに

いかがでしたでしょうか？

本書を最後まで読んでくださった皆さんは、経済の基本についてほぼ理解ができたといって良いでしょう！

さらに先に興味を持った方は、用語集などを参照しながら、経済ニュースや、経済学の解説書に挑戦してみてください。

経済ニュースの解説については、高校の授業の「政治・経済」の資料集である『ニュース解説室へようこそ（年度版）』（清水書院）が、時事問題に関する経済用語については、『日経キーワード（年度版）』（日経HR）がオススメです。

わからない用語があったときは、シンプルに国語辞典で調べましょう。経済用語が簡潔に、わかりやすく説明されているので、経済学の初心者にピッタリなのです。

さらに経済学を深めたい人には、入門書として、以下の2冊を推薦しておきます。特にグレゴリー・マンキューの本は、身近な具体例をあげながら、経済学のポイントがわかりやすく説明されています。

『入門・経済学』　藪下史郎ほか著（有斐閣）
『マンキュー入門経済学』　グレゴリー・マンキュー（東洋経済新報社）

本書が、少しでも読者の皆さまの知的好奇心の助けになったのであれば、幸いです。ありがとうございました。

おわりに

〈参考文献〉
『高等学校　政治・経済』(第一学習社)
『高校　政治・経済』(実教出版)
『政治・経済』(数研出版)
『詳説　政治・経済』(山川出版)
『入門・経済学』　藪下史郎ほか著(有斐閣)
『マンキュー入門経済学』　グレゴリー・N・マンキュー著(東洋経済新報社)
『ミクロ経済学入門』　西村和雄著(岩波書店)
『マクロ経済学』　齊藤誠ほか著(有斐閣)

●すばる舎の本●

新聞、ニュース、テレビの見方が変わる。
政治コンプレックスはこの一冊で解消!

今さら聞けない!
政治のキホンが2時間で全部頭に入る

馬屋原 吉博 [著]

◎46判並製　　◎定価:本体1400円(+税)　　◎ISBN978-4-7991-0747-8

中学受験のカリスマ社会科講師が、複雑な政治のしくみを
小学生にもわかりやすく解説。今もっとも熱い「公民」の授業、紙上解禁!

http://www.subarusya.jp/

●すばる舎の本●

伝説の金融アナリストが教える「為替」の超入門書!

為替が動くと世の中どうなる?

角川 総一 [著]

◎A5判上製　◎定価:本体1500円(+税)　◎ISBN978-4-7991-0726-3

円高・円安の解説から、為替データの読み方、為替が動く理由などをていねいに解説。学生からトレーダーまでオススメできる一冊!

http://www.subarusya.jp/

〈著者紹介〉
吉田泰史（よしだ・やすし）
早稲田大学大学院政治学研究科卒。河合塾公民科講師。
全統マーク模試・全統記述模試・早大慶大オープンの出題や監修を担当。
大学院の専門は政治学であるが、経済学にも詳しい。GM（ゼネラル・モーターズ）の破綻を1年前に予備校の授業で予測し見事当てる。お気に入りの言葉は、「世界を支配しているのは運命ではなく、いくつかの普遍的な原理である」（モンテスキュー）。阪神タイガースファンでトラ猫が大好き。主な著書に『難関大学突破 究める政治・経済』（中経出版）、『みんなのセンター教科書 政治・経済』（旺文社）などがある。

今さら聞けない！経済のキホンが2時間で全部頭に入る

2019年10月25日　第1刷発行
2025年　4月　6日　第6刷発行

著　者───吉田泰史

発行者───徳留慶太郎

発行所───株式会社すばる舎

〒170-0013 東京都豊島区東池袋3-9-7 東池袋織本ビル
TEL　03-3981-8651（代表）　03-3981-0767（営業部）
振替　00140-7-116563
http://www.subarusya.jp/

印　刷───株式会社光邦

落丁・乱丁本はお取り替えいたします
©Yasushi Yoshida　2019 Printed in Japan
ISBN978-4-7991-0843-7